Analizar, actuar y avanzar

Agustín Argelich Casals

ANALIZAR, ACTUAR Y AVANZAR

Agustín Argelich Casals

argelich

© 2014, Argelich Networks
© 2014, Agustín Argelich Casals

ARGELICH NETWORKS
Rambla Catalunya, 112
08008 Barcelona – España
Tel. (+34) 93 415 12 35
Fax. (+34) 93 217 42 98
info@argelich.com
www.argelich.com

ISBN-10: 1503026523
ISBN-13: 9781503026520
Impreso por Amazon CreateSpace

Consultoría editorial:
MarianaEguaras.com

Reservados todos los derechos. No se permite la reproducción total o parcial de esta obra, ni su incorporación a un sistema informático, ni su transmisión en cualquier forma o por cualquier medio (electrónico, mecánico, fotocopia, grabación u otros) sin autorización previa y por escrito de los titulares del *copyright*. La infracción de dichos derechos puede constituir un delito contra la propiedad intelectual.

A mi querida esposa, María Eugenia,
compañera fiel y leal,
siempre mi soporte
en lo bueno y en lo malo,
en la tristeza y en la alegría,
siempre con una sonrisa,
a mi lado la encuentro.

A mis seis hijos,
Agustín, María Eugenia, Mateo,
Nuria, Ignacio y Benjamín,
para que nunca se rindan.

A mis padres,
Agustín y María Pilar.

Contenido

Presentación   11

Parte I. El reto   19
1. A qué nos enfrentamos   21
2. Un entorno cambiante   33
3. Qué es eficiencia   55
4. Qué es innovar   57

Parte II. Obstáculos y barreras   65
5. Pereza mental   67
6. Los jugadores   71
7. Envidia   79
8. Procrastinación   83
9. Compromisofobia   89
10. Conformismo   93
11. El *gap* de la comunicación   95

Parte III. Estrategias y herramientas   107
12. Qué tipo de herramientas tenemos   109
13. Actitudes y aptitudes   117
14. Ilusión   123
15. Proactividad e influencia   129
16. *Hacer* decisiones   133
17. El taburete   139
18. Soporte externo   143
19. El departamento de análisis y estrategia   149
20. Vender innovación   159

21.	Negociación	163
22.	Formación y autoformación	173
23.	Gestión de reuniones	181
24.	Desarrollo de proyectos	189
25.	Gestión de crisis	207
26.	El liderazgo en los procesos de innovación	219
27.	Tecnologías de la información y la comunicación	225

Parte IV. Conclusiones. El ciclo de la vida — 241
28. El servosistema — 243
29. Comunidades y organizaciones inteligentes — 249
30. El ciclo de la vida — 253

Ideas claras y distintas. Lista de impacto rápido — 257

Un ejemplo de éxito: la red de telecomunicaciones de Mercabarna — 261

Valoraciones conferencias internacionales — 269

Congresos — 271

Índice — 273

Índice de ilustraciones — 279

Bibliografía — 281

Libros de consulta — 284

Autores recomendados — 285

Agradecimientos — 287

Sobre el autor — 289

Sobre Argelich Networks — 291

Presentación

Durante veinticinco años he estado ayudando a diferentes organizaciones a implantar las herramientas que proporcionan las tecnologías de la información y las comunicaciones para obtener el máximo beneficio de ellas. He tenido la oportunidad de participar en muchos proyectos en distintos sectores, desde el industrial hasta el financiero. He colaborado en alguno realmente significativo y único, como los Juegos Olímpicos de Barcelona, en 1992, y en otros desarrollados en entornos tan complejos como una central nuclear. Al margen de la visibilidad que hayan obtenido, todos han alcanzado un componente de innovación tecnológica muy importante, gracias a que siempre se han aplicado planteamientos vanguardistas y han representado retos profesionales importantes para quienes han participado en ellos.

Esta ya amplia experiencia profesional, junto con un proceso de reflexión sobre las causas profundas de la actual situación social y económica, se plasma en este libro de reflexiones, compendio tanto de la formación técnica como de un humanismo autodidacta. Ese humanismo propone la construcción de una cultura de la mejora y la renovación constante como estrategia a largo plazo, no solo para tiempos de crisis, sino también válida en tiempos de crecimiento. No solo debemos superar este momento de desconcierto y relanzar la actividad; también estamos obligados a establecer reglas que minimicen la posibilidad de que se repitan situaciones similares. No podemos seguir igual que estamos.

El desencadenante para escribir este libro fue la invitación para presentar una ponencia en un congreso en California en agosto de 2010. La ponencia debía versar sobre la reducción de costes gracias a la utilización de las redes de datos móviles de alta capacidad, pero la organización me pidió que, además, liderara una sesión de trabajo sobre las dificultades para implantar nuevos procedimientos basados en herramientas tecnológicas en las empresas. La verdad es que el congreso, celebrado en San José, no puede calificarse de éxito rotundo, especialmente en cuanto a participación, pero sí fue el desencadenante para animarme a plasmar en este libro un conjunto de ideas y estrategias que me parecen útiles, tanto para personas como para muchas organizaciones y sociedades. El propio hecho de escribir el libro ya es, en sí mismo, una aplicación de la cultura del esfuerzo continuo que propone y que es la que me llevó a no desanimarme por no haber conseguido, en principio, los objetivos que me planteé al aceptar la participación en el congreso.

En aquel momento, aproveché para visitar la misión de Carmel, en la península de Monterrey, que se encuentra en la costa del Pacífico, y rezar frente a la tumba del fraile franciscano mallorquín fray Junípero Serra Ferrer, considerado el fundador de California; de hecho, su estatua se encuentra en representación de ese Estado en el Salón Nacional de las Estatuas del Capitolio, en Washington. La estampa que compré de recuerdo tiene impreso el lema del hoy beato: «Siempre hacia adelante y nunca vuelvas atrás». Ese lema resume perfectamente esta propuesta de mejora y renovación constante.

En octubre de 2011, presenté en el congreso de la Society of Communications Technology Consultants[1] en Orlando una versión más elaborada de la ponencia de 2010. La moderadora, Martha Buyer[2], la tituló «Moving forward» (Moviéndonos hacia el futuro). Obtuvo una gran acogida y varios de los asistentes me animaron a continuar trabajando en este asunto. Posteriormente, he tenido oportunidad de exponer estos trabajos en distintas ciudades, entre las cuales destacan Amán y Londres.

El libro está estructurado en cuatro partes:
1. El reto.
2. Obstáculos y barreras que hay que superar.
3. Estrategias y herramientas disponibles.
4. El ciclo de la vida. La actitud de mejora y de renovación constante.

La primera parte trata de mi visión del problema de fondo al que nos enfrentamos y del ecosistema en el que se encuentra enmarcado; asimismo expone los aspectos y las características más significativos.

En la segunda parte se enumeran y analizan las dificultades concretas que nos encontramos cada día y que dificultan nuestro avance. Las barreras que se describen son comunes a cualquier proyecto, personal o empresarial, y se acrecientan cuanto más innovador es este. El mayor reto es cambiar la cultura propia o el enfoque de la vida, sea de una organización o de una comunidad.

---

[1] www.sctcconsultants.org
[2] www.marthabuyer.com

El tercer bloque presenta estrategias y herramientas disponibles para avanzar y llevar a cabo proyectos vitales, empresariales o de innovación con éxito. Todos los proyectos deben colaborar en construir un futuro mejor para todos. Las herramientas están divididas en tres grupos: filosóficas, organizativas y tecnológicas.

Por último, el apartado de conclusiones, resume el mensaje del libro y anima a que cada uno, reflexionando, obtenga las suyas propias.

No sé cómo se catalogará este libro; no sé si entra en la categoría de *management* o en la de autoayuda, personal o colectiva, pero sí sé que, a diferencia de otros libros, este no se ha escrito en una escuela de negocios o dentro del mundo universitario, sino que parte de la experiencia del día a día. No es un texto académico, sino un libro de reflexiones que, por tanto, valga la redundancia, debería ayudar a reflexionar. No pretende, como dicen muchos manuales de autoayuda, cambiar la vida de nadie ni su organización. Garantizo que, después de leerlo, el lector no cambiará ni tampoco lo hará su empresa o su organización, pero sí deseo que le sea de utilidad y le influya positivamente.

Escribir un libro tiene una parte de catarsis. El autor piensa que alguien tenía que decirlo y al escribirlo se queda tranquilo. Este es, sin duda, un libro escrito con pasión y, por tanto, busca zarandear y despertar. No se pretende crear polémica pero tampoco rehuir el debate. Está escrito con energía, hasta con un punto de indignación, y, aunque he procurado evitar los términos categóricos, las frases lapidarias y los planteamientos radicales, es posible que se haya escapado alguno; pido perdón por adelantado si alguien se ofende, no es en absoluto el propósito.

La verdad es que nunca se termina de escribir un libro y siempre estará incompleto; no se es el mismo cuando se empieza que cuando se acaba. Cada vez que se relee se modifica algo, siempre hay un aspecto que se puede corregir o completar. Acepto la imperfección del trabajo efectuado y reto al lector a que complete por sí mismo lo que considere inacabado.

En el libro aparecen muchos conceptos e ideas; es posible que algunos lectores consideren que demasiados y, en una primera impresión, incluso pueden padecer inconexos entre sí. De hecho, es un comentario que también recibo sobre mis conferencias: digo demasiadas cosas. Acepto la crítica. Pero es lo que me sale y, además, el objetivo no es hacer un tratado doctoral sobre un asunto, sino promover la reflexión y el aprendizaje de forma continuada. Por tanto, me doy por satisfecho si una sola de las ideas, las frases o los conceptos, impacta, motiva y renueva al lector.

Me sentí respaldado en este planteamiento al leer el libro del Dr. Mario Alonso Puig, *El cociente agallas*, en el que explica cómo hacer aflorar la mejor versión de nosotros mismos y cómo funciona el cerebro creativo. Alonso, apoyándose en razonamientos del filósofo anglosajón David Hume y en sus profundos conocimientos sobre el funcionamiento del cerebro humano, recalca la capacidad de nuestro cerebro de hallar puntos de encuentro entre elementos o conceptos que no parecen tenerlos y concluye que «inventar es en gran medida recombinar». Con la esperanza de que el lector encuentre una idea luminosa o un aspecto motivador, he mantenido este enfoque, para que pueda hallar más y mejores conexiones y recombinaciones de las que yo le propongo. Es un libro de innovación y, por tanto, tiene un planteamiento un tanto arriesgado.

Espero no haber repetido en exceso demasiados conceptos, aunque los básicos se tratan bajo puntos de vista diferentes y son recurrentes. Aprendemos a base de sucesivas iteraciones, de darle vueltas a los temas. El libro es aprendizaje en sí mismo, empezando por el mío al escribirlo.

El lector observará que en todos los capítulos de este libro se citan otros, salvo alguna excepción, utilizados como ejemplos negativos: todos ellos son mejores que este. Están relacionados en el apartado «Bibliografía». También hay una lista de libros recomendables, complementaria de la anterior, ya que aunque no están citados en el texto sí que, indirectamente, están presentes. Le animo a consultarlos y leerlos tranquilamente, si quiere profundizar en un tema en particular o enriquecerse en general.

He procurado documentar correctamente el libro y citar la mayoría de las fuentes tanto si son libros como páginas webs; en este segundo caso, se han incorporado bastantes enlaces a Internet que en el momento de la edición funcionaban correctamente, pero en un entorno tan volátil como Internet, nunca se sabe. Pido disculpas si alguno ha dejado de funcionar. Todos los enlaces están relacionados en la web del libro **www.analizar-actuar-avanzar.com**, la cual actualizaremos regularmente.

He puesto el máximo interés en escribir un libro ameno, usando hechos históricos y anécdotas reales para ilustrar e introducir los distintos temas. También he incorporado relatos bíblicos y evangélicos. No quiero engañar a nadie, este es un libro de inspiración cristiana.

No solo estaré encantado de recibir cuantos comentarios, críticas (positivas o negativas), sugerencias y aportaciones quieran mandarme sino que lo agradeceré. Procuraré responder adecuadamente y, desde luego, a todo el que me escriba le contestaré. Para ello pueden utilizar tanto mi correo electrónico personal, agustin@argelich.com, como opinar en el grupo «Analizar, Actuar, Avanzar»[3] de LinkedIn, donde además podrán intercambiar ideas y conocimientos, así como contactar con otras personas interesadas en este tema.

---

[3] www.linkedin.com/groups?home=&gid=8146122&trk=anet_ug_hm

Parte I

EL RETO

1. A qué nos enfrentamos

Houston, tenemos un problema.
Jack Swigert, a 320.000 km de la Tierra.
13 de abril de 1970.

Reconocer el problema

Para resolver un problema primero hay que reconocer que lo tenemos y saber de qué se trata. Como el astronauta Jack Swigert, que despegó el sábado 11 de abril de 1970 a las 13:13 horas de Cabo Cañaveral (Florida, EE UU) con destino a la Luna junto con el resto de la tripulación del *Apolo XIII*. Jack era piloto del módulo de mando, pero no formaba parte de la misión, sino que lo eligieron solo setenta y dos horas antes del despegue para sustituir a Thomas K. Mattingly; este, al parecer, en los días previos al lanzamiento había estado en contacto con el virus del sarampión y no estaba inmunizado, por lo que la NASA decidió no asumir riesgos innecesarios: debe ser un problema serio enfermar de sarampión en la Luna. Dos días después, la tripulación de la nave participó en un programa de televisión en directo; al acabar, Jack Swigert fue autorizado a agitar los tanques de oxígeno, una tarea habitual y nada complicada, pero resultó que el tanque número 2 explotó y provocó que también fallara el tanque número 1 y un montón de cosas más. Estaban a 320.000 km de distancia de la Tierra. Swigert cogió la radio y soltó la famosa frase «Houston, tenemos un problema»; aquello fue un acierto. Cuando hay una crisis o un problema hay que reconocerlo y aceptarlo, es imprescindible para empezar a resolverlo.

El *Apolo XIII* volvió a la Tierra con sus tres tripulantes sanos y salvos. El comandante de la misión, James Arthur Lovell, Jr., y el piloto del módulo lunar, Fred Wallace Haise, Jr., se quedaron sin pisar el cráter Fra Mauro donde debían alunizar. Jack fue elegido congresista por Colorado en noviembre de 1982 con el 62,2 % de los votos, pero no llegó a tomar posesión del cargo porque falleció el 27 de diciembre a consecuencia de un cáncer. En el Capitolio, en Washington, cada Estado tiene derecho a tener dos estatuas de insignes ciudadanos, ya fallecidos, que representen el espíritu y los valores de ese Estado. Pues bien, en el vestíbulo de las visitas, igual que el estado de California está presente en la estatua de fray Junípero, la de John Leonard, *Jack*, Swigert, Jr. con su traje de astronauta representa a Colorado.

Vale la pena leer la historia de las causas del problema y de cómo se resolvió con imaginación y trabajo en equipo. Eugene F., *Gene*, Kranz, director de vuelo, lo cuenta en el libro *Failure is not an option*, (El fracaso no es una opción). Efectivamente, arreglaban el problema o se perdían en el espacio sideral. Arreglamos la actual situación o vamos a pasarlo muy mal. Negar la evidencia no sirve de nada; hay que aceptar la tozuda realidad.

Aceptar la realidad

Otro ejemplo histórico, en este caso para introducir un factor clave: la carencia de visión de la realidad.

El 1 de septiembre de 1939 el ejército alemán invadió Polonia y con ello empezó la Segunda Guerra Mundial, un desastre mayúsculo y una crisis antológica. Al anochecer de aquel día, el coronel Kazimierz Mastalerz, al mando de dos escuadrones del regimiento de lanceros n.º 18 de la brigada de caballería Pomorska, se encontraba a las afueras de la ciudad de Chojnice, en el bosque de Tuchola, unos 270 km al noroeste de Varsovia, y ordenó atacar; es decir, ordenó una carga con espadas y lanzas por sorpresa contra un campamento enemigo. El asunto es que enfrente tenía la 20º división motorizada del ejército alemán y, aunque el coronel tenía a su favor el factor sorpresa y la alta movilidad de sus efectivos muy preparados y disciplinados, estaban atacando una división motorizada; es decir, el ataque se dirigía contra tanques pánzers y blindados, dotados de cañones y ametralladoras, seguramente la mejor máquina de matar de aquel momento. El hecho lo describe en sus memorias el general alemán Heinz Wilhelm Guderian, comandante en jefe del 19º cuerpo del ejército: «Nos encontrábamos completamente rodeados por el enemigo al norte del boscoso condado de Schwetz y al oeste de Graudenz cuando la brigada de caballería Pomorska, ignorando la naturaleza de nuestros tanques, ha cargado contra ellos con espadas y lanzas y han sufrido tremendas bajas».

El análisis del general es certero: los polacos ignoraron o no quisieron aceptar la naturaleza del problema al que se enfrentaban. Tampoco utilizaron la tecnología adecuada; como es obvio, con una lanza no se derrota a un tanque. Aunque, sin duda, el regimiento de lanceros n.º 18 de la brigada de caballería

Pomorska tenía agallas, no podía hacerles ni cosquillas a los alemanes. El coronel Mastalerz falleció en aquel acto de servicio. Él y sus hombres se convirtieron en mitos como los héroes que fueron, pero fracasaron, salieron derrotados. Creo que tenían opciones mejores y que su caso es un ejemplo de que la negación de que tenemos un problema, la no aceptación de la realidad y la no utilización de la tecnología adecuada dificultan, cuando no impiden, la resolución de muchos asuntos.

La crisis en que vivimos

El problema actual no se reduce a una crisis económica. La crisis es la fiebre, la manifestación de la enfermedad, y no es fruto solo de la especulación financiera, sino que tiene causas más profundas derivadas del desvanecimiento de los valores que sustentan la sociedad. Detrás de la especulación o de la búsqueda del enriquecimiento rápido y sin escrúpulos hay un vicio que se llama codicia o, dicho de otra forma, hay carencia de una virtud que se llama templanza; pero, sobre todo, falta sensatez y sentido común, lo cual se debe a que no se acepta la realidad de la vida y, en cambio, se tiende a creer que es posible enriquecerse de forma rápida y sin esfuerzo. Se trata de una visión excesivamente cortoplacista que adolece de falta de valoración del trabajo bien hecho; ya lo dice un dicho popular: «el dinero que se gana fácil se pierde rápido».

En el fondo, nos enfrentamos a una cultura que está muy arraigada en una parte significativa de la sociedad y que se caracteriza por la ausencia de sentido de la vida y la falta de motivación: nos limitamos a ir tirando. Esa cultura es transversal; dicho de otra manera, está uniformemente distribuida y, por tanto, se infiltra en las empresas y en todas las organizaciones humanas, incluso en las religiosas, y se traduce en el pensamiento de que nos merecemos todo lo que deseamos, que tenemos derecho a ello, sin esfuerzo.

Un ejemplo de ese modelo es la sustitución de un canal de información con un alto grado de profesionalidad, como CNN+, por el canal Gran Hermano 24 horas. Es decir, se cambian reportajes de información o debates por la exposición pública de un grupo de individuos encerrados en una casa, haciendo el vago, con los consiguientes problemas de convivencia, dando rienda suelta a sus instintos y a sus emociones sin ningún tipo de control. Nos enseñan personas que viven estabuladas y hasta se atrevieron en su momento a defender un supuesto interés sociológico del planteamiento. Se trata de observar al grupo de los *ni-ni-ni*, ni estudio ni trabajo ni quiero hacerlo. «El problema es de mis padres, que me trajeron al mundo sin consultarme», le soltó un miembro de este grupo a una persona que le inquirió al respecto de su actitud frente a la vida. Aclaro que primero utilicé el término *generación*, pero es claramente injusto y desproporcionado, ya que hay mucha gente joven que no comparte en absoluto ese planteamiento. Por cierto, a los *ni-ni-ni*, hay quien también los llama *ni-eso*; es decir, que no han finalizado ni la enseñanza secundaria obligatoria.

> Intentan construir una sociedad del entretenimiento.

Hay quienes están interesados en tenernos entretenidos, no sea que nos pongamos a pensar y reflexionemos. No deberíamos permitir la construcción de una sociedad del entretenimiento. Una cosa es distraerse y descansar y otra estar ocioso y disperso, eludiendo aceptar la vida tal cual es y evitando plantearse nuevos retos. Por tanto, hay que tener buen cuidado de no dejarse distraer con el circo como hacían con los romanos sus astutos emperadores, cuando las cosas no iban bien, «pan y circo para el pueblo»: unos cuantos cristianos, que pensaban diferente, a los leones y todos entretenidos.

Manifestación de esa cultura son también las teorías maltusianas («nos moriremos de hambre»). En ese sentido, una expresión moderna o neomaltusiana son las exageraciones catastrofistas alrededor del cambio climático. Es irreversible, nos dicen, y nos congelaremos o nos freiremos de calor, o aparecerán fenómenos meteorológicos de proporciones apocalípticas. El error de Thomas Malthus estriba en negar la capacidad de progreso y de mejora que facilitan las nuevas herramientas para enfrentarnos a los problemas. Malthus, que por cierto era reverendo anglicano, fue muy influyente en su tiempo y todavía lo es porque el pesimismo y la desgracia venden. Es muy fácil decir que no hay solución. Es una excusa magnífica para nuestra comodidad, para justificar la

> Una cosa es aceptar y reconocer que hay problemas y dificultades, pero otra bien distinta es dar por hecho que no hay solución.

pereza. Es el lado oscuro. Una cosa es aceptar y reconocer que hay problemas y dificultades, pero otra bien distinta es dar por hecho que no hay solución. En el fondo, niega el cambio y la mejora, y, desde el punto de vista teológico, hasta niega la redención, lo que no deja de ser sorprendente tratándose de un clérigo. Pero ese no es el tema de este libro. Una muestra de la irracionalidad de las teorías de Malthus es que llegó a escribir que «el hombre que nace en un mundo ya ocupado no tiene derecho alguno a reclamar una parte cualquiera de alimentación y está de más en el mundo. En el gran banquete de la naturaleza no hay cubierto para él. La naturaleza le exige que se vaya y no tardará en ejecutar ella misma tal orden». Hace casi doscientos años que Malthus murió y de momento seguimos aquí y somos muchos más, pero de alguna forma anticipó la cultura del descarte sobre la que nos advierte el papa Francisco[4].

En Occidente, una manifestación clarísima de esa cultura neomalthusiana son los importantes cambios demográficos, que dan lugar al envejecimiento de la población provocado por dos tendencias divergentes, la caída de la natalidad y el aumento de la esperanza de vida. Estos cambios tendrán una influencia brutal en la economía y obligarán a importantes modificaciones del mal llamado «Estado del bienestar». La caída de la natalidad, que ya está muy por debajo del índice de reposición (2,1 hijos por mujer en edad fértil); en 2012 en España la tasa de natalidad era de 1,32, y 1,58 en Europa; ambos datos son un signo inequívo-

---

[4] Entrevista de Henrique Cymerman en *La Vanguardia*, 13/6/2014.

co del pesimismo imperante y de la falta de confianza en el futuro, en uno mismo y en los demás. Por otra parte, la caída de la natalidad está íntimamente ligada al retraso de la edad en la que se contrae matrimonio y a la inestabilidad de esa relación. El miedo al compromiso, a la toma de decisiones y al futuro se manifiesta de forma inequívoca. A ver si va a resultar que estamos poco adaptados al medio y, como decía Darwin, solo sobreviven las especies mejor adaptadas. Menos mal que tenemos capacidad para rectificar. Para conocer más sobre la situación demográfica es imprescindible leer los informes que regularmente publica el Instituto de Política Familiar[5], dirigido por Eduardo Hertfelder. Ese instituto disfruta de estatus consultivo especial del Consejo Económico y Social de Naciones Unidas (ECOSOC)[6].

Otro ejemplo de la tendencia actual es el libro *Buenos días, pereza*, de Corinne Maier. Según reza el subtítulo de la obra, trata sobre el arte y la necesidad de hacer lo menos posible en la empresa; de hecho, explica, a partir de la experiencia personal de su autora en Électricité de la France, cómo pasar desapercibido en una gran empresa durante quince años. El libro fue en su momento muy polémico, especialmente en Francia, pero todos sabemos que cuenta una realidad indiscutible, que es la mentalidad funcionarial llevada a su máximo extremo frente al concepto de servidor público. La propagación cual pandemia de esa mentalidad tiene mucha culpa de la situación actual. En

---

[5] www.ipfe.org

[6] www.un.org/es/ecosoc

el fondo no produce la más mínima extrañeza que el segundo libro de la autora sea *No Kid. 40 buenas razones para no tener hijos*. Por cierto, no vale la pena leer ninguno de los dos libros, ya que, en el fondo, no aportan nada nuevo; sobre pereza y egoísmo, ya sabemos todos bastante.

Existen varios estudios sobre la sociedad española, como «Alerta y desconfianza. La sociedad española ante la crisis», publicado por Víctor Pérez-Díaz y Juan Carlos Rodríguez, que confirman esa mentalidad apática. Basten algunos datos mencionados en este trabajo:

- El 69 % de la población cree que en España la mayoría de la gente solo realiza su trabajo para cumplir.
- El 76,7 % de los españoles opina que aquí el éxito de los demás despierta recelo y que se tiende a no reconocerlo.
- El 56,6 % de las personas cree que lo más importante para ser rico es tener contactos y cultivarlos. Solo el 17,8 % de los encuestados valora el hecho de tener buenas ideas y esforzarse en aplicarlas.

Mi opinión es que las personas a las que se les ha preguntado no han sido suficientemente sinceras. Cumplimiento es «cumplo» y «miento». Hago ver que trabajo y hacen ver que me pagan, me lo dijo un médico de un gran hospital. Para echarse a temblar. Se regalan los aprobados bajo el pretexto de la igualdad de oportunidades y se castiga a los que sobresalen. A ver cuándo pasamos de la envidia a la emulación, como dice el profesor Javier Fernández Aguado. Parece que no es tan difícil entender que cuanta más riqueza se genere a nuestro alrededor más habrá para repartir.

Nadie tiene los mismos talentos, ni el mismo número de talentos; lo importante es multiplicarlos en bien de todos, no enterrarlos[7].

En el fondo nos enfrentamos a una falta de sentido y de valores, que en el ámbito de la empresa se manifiesta en actitudes pasivas; es la actitud de «soy un mandado», «a mí no me hacen caso», «estoy alienado», que lleva a no identificarse con los objetivos de la empresa. En ocasiones, esas actitudes las promueve directa o indirectamente la dirección y pueden ser contrarrestadas mediante una cultura de mejora y renovación constante, así como aplicando una política de innovación permanente que busque la eficiencia de los procesos de negocio y genere riqueza. La pasividad afecta a todos los niveles organizativos y genera una falta de proyectos e inversiones, ya que las actitudes personales se propagan a la actitud de grupos, empresas y hasta sociedades.

Viktor Frankl, médico psiquiatra judío vienés, fundador de la logoterapia[8] y superviviente de varios

> «A ver cuándo pasamos de la envidia a la emulación».
>
> *Javier Fernández Aguado*

---

[7] Parábola de los talentos, Mateo 25, 14-30. Aunque los talentos de la parábola son una moneda, la tradición cristiana nunca ha interpretado la parábola en clave literal (económica), sino que deben entenderse los talentos como las capacidades, habilidades o aptitudes naturales que cada uno tenemos o, desde una perspectiva cristiana, se reciben de Dios.

[8] La logoterapia es conocida como la tercera escuela de Viena, las otras dos son las fundadas por Freud y por Jung.

campos de exterminio nazi, en su famoso libro *El hombre en busca de sentido* establece el concepto de neurosis colectiva. Es más, considera que el vacío existencial es la neurosis colectiva de nuestro tiempo y describe ese vacío existencial como «una forma privada y personal de nihilismo, y el nihilismo se define por la radical afirmación de la carencia de sentido del hombre». Frankl es categórico, diría que duro, en su análisis, pero tremendamente realista.

> «El vacío existencial es la neurosis colectiva de nuestro tiempo».
> *Viktor Frankl*

Generar valor añadido, aportar algo, es el objetivo. No conformarse. «Si no avanzas, retrocedes», dijo san Agustín. No podemos conformarnos con mantener lo conseguido, con planteamientos de crecimiento cero, por la simple razón de que la historia confirma que son planteamientos de decrecimiento. Si no sumas, restas. La mejor defensa es el ataque. El inmovilismo conduce al colapso. Un ejemplo reciente son los sistemas comunistas. Mantener las reglas del juego cuando las circunstancias han cambiado no tiene sentido.

> «Si no avanzas, retrocedes».
> *San Agustín*

Barack Obama ganó unas elecciones con el famosísimo lema «Sí, podemos», para vencer al pesimismo y renovar la ilusión. Dando por supuesto que podemos, es obvio que debemos dar un paso adelante, tomar la decisión, decir sí queremos y llevarlo a término. Como John Fitzgerald Kennedy en el famoso discurso en que anunció la carrera espacial, en el que dijo: «Elegimos ir a la Luna, no porque sea fácil, sino porque es difícil»[9], tomamos la decisión de afrontar un reto.

Una combinación de grandes derechos laborales y sociales con una productividad baja, provocada por la escasa motivación, es inasumible. No se pueden mantener tareas burocráticas, además ejecutadas analógicamente, ya que solo dificultan el emprendimiento y el desarrollo de la empresa. Las superestructuras administrativas burocratizadas e inamovibles —como municipios, comarcas, provincias, autonomías, Estado y Unión Europea— están superadas tecnológicamente. Debemos, por tanto, reequilibrar la situación, establecer un equilibrio entre derechos y obligaciones, entre libertad y responsabilidad.

Analizada la situación, se buscan alternativas —que las hay— y se aplican. Eso es lo que este libro intenta promover.

---

[9] Discurso original en inglés en er.jsc.nasa.gov/seh/ricetalk.htm. El video del discurso puede verse en youtu.be/ouRbkBAOGEw.

2. Un entorno cambiante

> *Sobreviven los individuos*
> *mejor adaptados a su medio.*
> Charles Darwin

Creo que para comprender adecuadamente la problemática a la que nos enfrentamos debemos profundizar en los cambios que se han producido en los últimos años en el planeta y, en particular, en el mundo occidental y en España de forma acentuada.

De hecho, este capítulo describe el entorno en el que nos movemos, que, a mi entender, no ha visto o entendido una parte significativa de la sociedad, como ocurre con muchas empresas. Charles Darwin enunció que solo sobreviven los individuos mejor adaptados a su medio, así que veamos cuál es ese medio.

Una pirámide invertida

La pirámide de natalidad de los países europeos tiene ya forma de pirámide invertida. Es decir, las nuevas generaciones tienen cada vez menos miembros, mientras que la parte alta de la pirámide (las personas ancianas) crece en altura y en anchura (figura 1). Esta tendencia comenzó hace décadas. Así que cada vez vivimos más y deseamos seguir viviendo con niveles de calidad y autonomía elevados; pero atender a nuestros mayores necesita recursos, económicos y humanos.

Figura 1. Pirámide demográfica de España a 1 de enero de 2013.

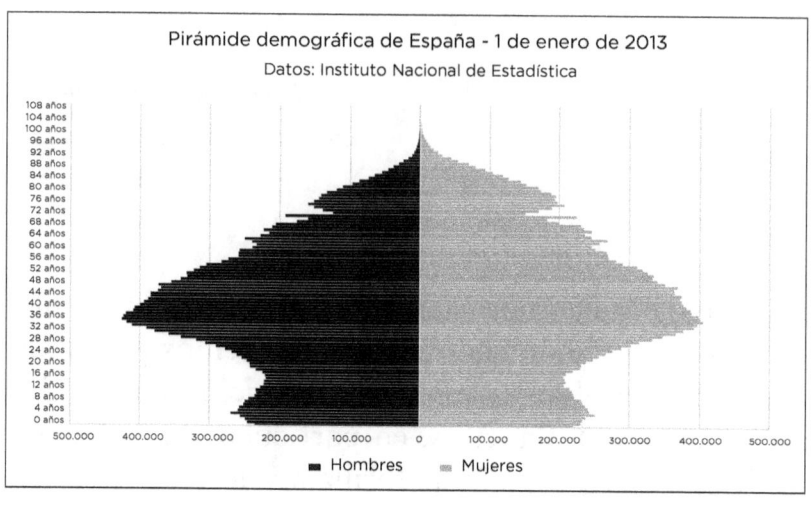

Obsérvese que el grupo de edad con más individuos (36 años) tiene 828.438 personas y el de menos (17 años) solo 425.122. Es decir, que, en números redondos, hay la mitad de personas de 17 años que personas de 36 años. Los datos demográficos de España están disponibles en el Instituto Nacional de Estadística (www.ine.es).

La pervivencia de nuestra sociedad requiere que se restablezca la tasa de natalidad. Para recuperar la tasa de remplazo no solo es necesario un repunte económico; también es preciso disponer de una visión trascendente que valore la maternidad y la continuidad de nuestra sociedad a través de nuestros hijos.

La pirámide invertida y la mayor riqueza de las sociedades occidentales, potenciada por el efecto de las burbujas económicas especulativas, han provocado un efecto llamada. Necesitábamos más personas para soportar el crecimiento y aquí no habían nacido, y siguen sin nacer.

La inmigración puede ayudar, pero, por sí sola, no podrá con el reto y no es una solución barata, ya que presenta retos de integración muy importantes.

Nativos digitales

El cambio tecnológico de la era analógica a la digital, de la economía del átomo a una economía mixta con la aparición de la economía del bit, es un proceso que no han vivido las generaciones más recientes. Para nuestros hijos no es nada nuevo, se lo han encontrado hecho cuando han nacido; por tanto, no es que ya hayan asumido este cambio, es que no lo han visto.

Enrique Dans, profesor de la IE Business School de Madrid, en su libro *Todo va a cambiar. Tecnología y evolución: adaptarse o desaparecer* anima a preguntarse qué parte de un negocio son bits y qué parte son átomos. Mi opinión es que el título constituye una afirmación demasiado categórica y que no todo se va a modificar; aunque sí están cambiando y van a cambiar muchas cosas, también van a renacer aspectos olvidados, como son los valores intemporales y la sabiduría ancestral.

Por primera vez en la historia, muchas innovaciones son asumidas antes por las nuevas generaciones y por las personas que por las empresas. Las redes sociales son un ejemplo incuestionable de ello. Comentemos un aspecto bien concreto, el concepto de presencia. Mis hijos adolescentes declaran en los sistemas de mensajería su estado de forma natural (estoy ocupado, disponible, etc.). Incluso a veces declaran su estado de forma inocente. Por ejemplo, en la aplicación de mensajería de mi *smartphone* tengo incorporados a algunos de mis hijos y hace poco uno de ellos salió de fiesta y su estado era «Ocupado, estoy de farra». Le solicité que me mandara inmediatamente una descripción más detallada sobre su estado. Por el contrario, en una empresa hay que explicar a toda la organización en qué consiste la presencia, qué utilidad tiene decir que uno está o no está disponible y, además, se debe detallar para qué tipo de comunicación o mediante qué canal.

Hay que formar a la organización, vender las ventajas de las nuevas herramientas, promover el entrenamiento adecuado y prever el periodo de adaptación necesario. Estos aspectos deben tenerse en cuenta ya, porque los nativos digitales son los nuevos clientes y los nuevos colaboradores. Las compañías deben considerar cómo se comunican y cómo trabajan las nuevas generaciones, porque estas lo hacen de forma diferente a como lo hacen las que les han precedido.

> Los nativos digitales son los nuevos clientes y los nuevos colaboradores.

Entre los nativos digitales hay un gran número de hijos únicos. Las experiencias infantiles no son las mismas para un hijo único que para uno de familia numerosa; la dedicación de los padres y los abuelos tampoco es la misma. Además, las experiencias de convivencia con hermanos, o su carencia, son factores importantes que influyen sobre el carácter de un hijo. Su experiencia en un periodo de crecimiento y prosperidad sin grandes crisis también influirá en cómo afronta las dificultades. Entonces, ¿qué motiva a nuestros hijos? Es obvio que las dificultades curten y construyen personas más resilientes.

Conciliación de la vida personal y la profesional

Hay que afrontar cómo se equilibra el tiempo dedicado al trabajo y el dedicado a la vida personal y familiar. A nivel familiar afrontamos un doble reto, atender por una parte a nuestros mayores y, por otra, a nuestros hijos.

¿Es inteligente perder dos horas al día en trasladarse al lugar de trabajo para sentarse frente a un ordenador y un teléfono? ¿Cuántas cosas más positivas que estar atascado quemando combustible y contaminando el medio ambiente pueden hacerse a lo largo de dos horas?

Se me ocurren algunas, empezando por pasar más tiempo con los hijos ayudándolos, por ejemplo, a hacer los deberes. También hacer deporte, leer, meditar, rezar o conversar con los amigos, entre otras cosas.

Plantearse el trabajo en casa o cerca de ella en entornos amigables que ya se están desarrollando (*coworking* [centros de trabajo compartidos][10]), no es solo una solución inteligente sino que es casi obligada. ¿Cuánto estrés evitaríamos?

Métodos de producción y relaciones laborales. Alineados o alienados

La revolución industrial del siglo XIX con la migración masiva de población del campo a las ciudades

---

[10] www.coworkingspain.es

para incorporarse como obreros de producción en cadena, con durísimas condiciones de trabajo, y las consiguientes tensiones sociales dieron lugar a una legislación laboral y a una determinada cultura de las relaciones entre la empresa y el trabajador. Aparecieron los sindicatos de clase y la utopía marxista, que terminó desmoronándose, literalmente, con la caída del muro de Berlín la noche del jueves 9 de noviembre de 1989.

A pesar de los avatares de la historia, todavía resiste una cultura de enfrentamiento entre empresa y empleado y una legislación laboral basada en los paradigmas de la revolución industrial del siglo XIX. Esa legislación protege los derechos del trabajador de los abusos que se producían en aquella época y está concebida para un sistema de relaciones a muy largo plazo. El empleado efectuaba un trabajo rutinario durante años. La empresa casi controlaba la vida de sus empleados; recordemos, por ejemplo, que en las colonias textiles las empresas facilitaban la vivienda y el colegio, y hasta se ocupaban de que no faltara atención religiosa. Los objetivos del obrero y del empresario no estaban suficientemente alineados. Marx habla de alienación, de sumisión, de explotación.

Pero en el siglo XXI ese tipo de relación no tiene sentido. ¿Cómo nos sentimos respecto a nuestra empresa u organización: alienados o alineados? Como Marx tenga razón y nos sintamos alienados, es decir, explotados, vamos mal. Si, por el contrario, los empleados están en línea con los objetivos de la empresa, esta irá mejor y, además, el personal se sentirá más realizado. Es decir, hay que remar todos juntos para que la canoa avance; sobre todo cuando se navega por aguas turbulentas, como en situaciones de crisis. Me contaba un colega: «Tengo un colaborador que nos mete los goles en nuestra portería»; o sea, en vez de sumar, resta. La disyuntiva está clara: o cambia o no puede seguir, porque es imprescindible la aportación de todo el mundo. Nadie puede restar.

En la vida hay que estar alineados en varios aspectos, con uno mismo, con la familia, con la empresa, con el país. Los dos primeros los dejaremos para otra ocasión. Vamos a centrarnos en la empresa, que es donde creo que hay una problemática muy grave. El razonamiento también sirve para el concepto de país, entendido como la empresa conjunta de todos los ciudadanos. Mientras grandes segmentos de la sociedad consideren que los objetivos de la empresa y de los trabajadores no son los mismos, vamos mal. Mientras se considere al empresario un explotador en vez de un individuo que, con más o menos capacidad de liderazgo y jugándose su dinero, es capaz de generar riqueza en beneficio de todos y no solo en el propio, no vamos bien. No se puede rendir si uno considera que esta ahí porque no le queda otro remedio. Riz Khadem, autor, entre otros libros, de *Alineación total*, enseña que deben estar alineados los objetivos de los accionistas, de los directivos, de los empleados, de los clientes y de los proveedores, es decir, una situación de ganar-ganar en la que todos salen beneficiados. En un debate, lo acusé de utópico y de plantear un objetivo imposible de conseguir, y me contestó que la realidad iba a imponer ese modelo. Es decir, o todos hacemos funcionar las empresas y, por ende, la sociedad o nos encontraremos con un sistema que no funciona y abocado a la autodestrucción. Los sistemas no lo aguantan todo, un cúmulo continuo de ineficiencias lleva al colapso. El mal se autodestruye, dijo Juan Pablo II, el problema es que a veces la degeneración se produce poco a poco y no se nota. Recordemos que o se avanza o se retrocede, como nos enseñó san Agustín, no podemos estarnos parados. Cuanto más sincronizado va el equipo de remeros, más deprisa avanza la embarcación. El objetivo común es imprescindible. En este entorno no hace falta comentar la convocatoria de una manifestación en contra de los empresarios por parte de los sindicatos: es querer aplicar planteamientos del siglo XIX a problemas del siglo XXI, no están alineados. Es un planteamiento obsoleto.

Velocidad del cambio

Cada vez los cambios se producen más deprisa, se aceleran. El tiempo de vida de muchos productos y servicios se acorta. Un ejemplo claro: la telefonía móvil ha pasado de ser inexistente a saturar el mercado en poquísimos años, con casos como España, donde la penetración de mercado es superior al 100 %, hay más de una línea por habitante. Incluso dentro de ese sector, empresas líderes del mercado, en pocos años, han desaparecido y han sido sustituidas por otras. A los primeros teléfonos móviles se les llamaba «la Motorola», después reinó unos años Nokia, para emerger BlackBerry y esta sucumbir frente a Apple y los *smartphones* de Samsung y otros fabricantes asiáticos.

Otro ejemplo paradigmático es la desaparición del carrete de fotos. No es que no se hagan fotos, al contrario, se ha multiplicado exponencialmente el número de imágenes que se toman, pero ya no se revelan; como mucho, se imprime alguna de tanto en tanto. Y lo más curioso es que fue un ingeniero en nómina de Kodak, Steven Sasson, con apoyo de su supervisor Gareth A. Lloyd, quien inventó la fotografía digital en 1975, pero la propia Kodak no supo adaptarse. El problema no fue que no innovaran, sino que no fueron capaces de adaptar su modelo de negocio a las innovaciones que ellos mismos generaban. En vez de adaptarse, dejaron que otros les tomaran la delantera y compitieran contra ellos con sus propios inventos mientras seguían pensando que el carrete y el papel fotográficos se mantendrían por siempre jamás. El 17 de enero de 2012 la empresa Eastman Kodak solicitó la protección del capítulo 11, que es el equivalente al concurso de acreedores; ahora está reestructurándose para reinventarse. Tarde y mal, podrían haber empezado en 1975.

Lo que es indiscutible es que el cambio no va a detenerse ni a disminuir de velocidad, en todos los ámbitos.

Necesidad de cambio ininterrumpido

La diferencia entre Steve Jobs y los directivos de BlackBerry es que estos últimos tuvieron una gran idea, el correo electrónico en movilidad, mientras que Steve Jobs tuvo una colección de grandes ideas de forma consecutiva. Ya no sirve con tener una gran idea, disfrutarla y dormirse en los laureles, ya que puede ser tremendamente efímera. Es muy interesante leer el artículo publicado en el periódico canadiense *The Globe and Mail*[11] sobre las interioridades de la caída de BlackBerry. Lentitud en la toma de decisiones, desavenencias en el equipo de dirección, no escuchar a sus principales clientes —como Verizon— y falta de liderazgo, entre otros fallos.

Energía y cambios geopolíticos

Sin energía no funciona nada. Está en la base de la pirámide. Con energía podemos conseguir de todo. Si se incrementa el coste de la energía se incrementa el coste de todos los productos.

La dependencia energética de Europa es un freno y un gran riesgo. La sobrecarga ideológica en el modelo energético vigente debería replantearse como, por ejemplo, la moratoria de la energía nuclear o la prohibición del *fracking*[12] en algunas áreas de Europa. Cualquier actuación tendente a optimizar el uso de la energía no solo es acertada, sino que también debe potenciarse.

Una política energética errónea hace que se transfiera una riqueza enorme a países con otros valores. Se trata de un dinero que en esos países muchas veces no se utiliza en beneficio de la propia población y que en Occidente podría utilizarse en otros campos. Europa se desangra económicamente por renunciar a dispo-

---

[11] http://www.theglobeandmail.com/report-on-business/the-inside-story-of-why-blackberry-is-failing/article14563602/?page=all

[12] *Fracking*: técnicas de obtención de hidrocarburos mediante rotura hidráulica de las rocas que los contienen.

ner de su propia energía. En cambio, el desarrollo del *fracking* en Norteamérica la ha dotado de autonomía energética, de manera que ya no necesita el petróleo de Oriente Próximo, y eso es un cambio geoestratégico de grandes proporciones.

El modelo de suministro energético también debería verse modificado por el despliegue de las *smart grinds*[13], un gran número de centros de microgeneración de energía (incluso a nivel doméstico) conectados a la red pública de distribución de energía y gestionados de forma inteligente y coordinada gracias a que todos ellos están conectados a una red de telecomunicaciones.

Se vislumbran innovaciones y cambios muy importantes en el mundo de la energía.

Transportes

Los avances en comunicaciones han sido espectaculares en los últimos años. En menos de un día podemos alcanzar casi cualquier punto del globo terráqueo a donde hasta hace poco tiempo se tardaba meses en llegar. La gente que se iba a hacer las Américas raramente volvía.

Las distancias entre ciudades se acortan con la construcción de trenes de alta velocidad.

Por otra parte, con los vuelos *low cost* es muy fácil y tremendamente económico volar de un lugar a otro,

---

[13] La consolidación de estas soluciones en España se está viendo afectada por regulaciones proteccionistas a favor de las grandes empresas generadoras.

sobre todo a aquellos que se encuentran a una distancia media.

El incremento excesivo del coste de la energía los encarecerá de nuevo y puede hacer replantear las políticas de deslocalización.

En otro plano, el trabajo en casa o cerca de casa también requiere menos transporte.

Cambios sociopolíticos

El colapso de los sistemas comunistas, el fracaso de la economía ultraplanificada, lanza a una economía productiva a centenares de millones de personas que aspiran legítimamente a salir de la pobreza a la que regímenes ineficientes y dictatoriales las habían condenado. Aumenta, por tanto, el número de potenciales consumidores, así como el de competidores.

El peso demográfico del continente asiático, con India y China superando cada uno los mil millones de habitantes, proporciona una gran capacidad de producción y, a la vez, abre mercados con un enorme potencial de crecimiento. El poder se desplaza hacia el este, después de un predominio de apenas quinientos años del occidente cristiano iniciado con el descubrimiento de América.

El despertar del mundo árabe, que en gran parte estaba sometido a dictaduras de corte socialista, es un despertar de sectores ilustrados y profesionales, y, aunque corre el peligro de que lo capitalicen sectores islamistas radicales, sin duda no son estos los que lo han liderado ni provocado. La influencia de las tecnologías de la comunicación en todo el proceso es indiscutible. Utilizo la palabra despertar porque es a mi entender la que mejor describe la actitud de una sociedad adormecida bajo el peso de sus dictaduras.

Redes de telecomunicación y globalización

La capacidad de comunicación mediante medios electrónicos es elevadísima y muy económica. Con Internet es posible mantener y establecer el contacto con muchas personas sin importar dónde se encuentren físicamente; incluso recuperar relaciones antiguas y establecer otras nuevas en función de intereses o aficiones comunes.

Hasta hace muy poco tiempo no era posible el acceso a volúmenes ingentes de información de forma inmediata, prácticamente sin coste y desde cualquier lugar. Cualquier usuario de Internet puede publicar y hacer accesibles sus contenidos, ideas y trabajos. Se ha roto el control sobre los medios de comunicación, la unidireccionalidad del mensaje de unos pocos a muchos pasa de todos a todos. La televisión y la prensa pierden poder frente a Twitter, Facebook y los blogs.

Internet es el gran foro de debate. Es el ágora del mundo. El senado global. La plaza mayor de la aldea global. La mejora de la comunicación entre culturas y comunidades que desembocará en un mejor conocimiento mutuo y en una mayor facilidad de trato con el otro; en consecuencia, dis-

> Gracias a Internet habrá menos guerras.

minuirán los conflictos y aumentarán el comercio y las oportunidades de colaboración. Y ya se sabe que el roce hace el cariño: gracias a Internet habrá menos guerras. El choque y la confrontación de ideas en Internet serán muy positivos.

Un mensaje acertado o una buena canción pueden triunfar sin prácticamente costes de promoción. Podríamos llamarlo el «efecto Leopoldo», me refiero a Leopoldo Abadía[14], que es un ejemplo de cómo un escrito brillante de un profesor jubilado transmitido viralmente por la red lanza a un éxito sin precedentes a su autor, que termina escribiendo tres libros y siendo un conferenciante desbordado por la demanda.

La capacidad de copiar un documento, una foto o un video y, de inmediato, lanzarla a todo el mundo es impresionante. La defensa de la propiedad intelectual, actualmente basada en un pago por copia, se complica. La industria de la copia va camino de la extinción.

Por otra parte, los conceptos de privacidad y pudor cambiarán. Localizar datos personales o privados es muy fácil y en la mayoría de los casos es porque los propios interesados los han expuesto de manera imprudente. Hay que tener cuidado con lo que se escribe en Facebook. Existe el peligro de banalizar la privacidad y de que el número de contactos provoque una pérdida de la calidad de la amistad. Un amigo de Facebook sin duda no es un amigo; es un conocido, alguien que en cierto momento se cruzó en el camino, con más o menos influencia, y con quien se creó un lazo indeterminado y bastante vaporoso.

---

[14] www.leopoldoabadia.com

Ver la televisión ha pasado de ser una actividad que se efectuaba en familia o en grupo, y con una oferta amplia pero local, a constituirse en un asunto personal, a la carta, y global. La televisión se transmite por Internet. Todos los canales del planeta están a nuestro alcance y los visualizamos a través de distintos dispositivos, *smartphones*, tabletas, ordenadores personales o televisores convencionales; se puede ver televisión en cualquier dispositivo conectado a una red de telecomunicaciones. Internet ha derrotado a la televisión convencional. La televisión digital terrestre (TDT) llega tarde. La televisión se está convirtiendo en un asunto de consumo personal.

La economía digital, del bit y de la persona

La economía digital estará más centrada en el cliente que en el producto. La atención al cliente será primordial.

Pasamos de una economía fundamentada en producir muchos bienes simples de utilizar a otra focalizada a generar bienes que tienen muchas posibilidades, son configurables y pueden personalizarse, es decir, adaptarse a las particularidades y necesidades de cada cliente (*customization* lo llaman los anglosajones). Un ejemplo claro son las aplicaciones informáticas que deben parametrizarse y, por tanto, la formación y la atención al cliente/usuario son aspectos críticos. Los consultores americanos Don Peppers y Martha Rogers en su libro *The one to one future* hablan de la revolución en las relaciones con los clientes y dicen que la interacción es cada vez más intensa y crítica.

Lo importante es establecer con el cliente una relación personal, uno a uno, y construir relaciones a largo plazo. Estos autores profundizan en esta línea en el libro *Rules to Break & Laws to Follow*, en el que abogan por superar la visión cortoplacista con la que se dirigen muchas empresas.

El cliente tiene cada vez más poder. Enrique Dans habla de un neohumanismo que se desarrolla gracias a la revolución tecnológica.

Trabajo en red, en equipos multidisciplinares y por proyecto

La economía digital, la economía del conocimiento, del valor añadido, focalizada en el cliente, la internacionalización y la globalización, junto con los cambios y los retos sociales, como la conciliación de la vida familiar y profesional, están generando ya una forma diferente de trabajar y de abordar los nuevos proyectos.

Estos nuevos proyectos son cada vez más complejos y en su desarrollo hay que tener en cuenta multitud de factores. La realidad no se puede ver solo desde un punto de vista. Por ejemplo, si observamos un objeto tan simple como un vaso desde arriba, en visión cenital, vemos un círculo, pero si lo observamos lateralmente, aparece un rectángulo; ninguna de las dos imágenes representa la realidad del vaso. En la vida real la geometría es todavía mucho más rica, la realidad

La realidad es poliédrica.

es poliédrica, tiene muchos lados. Para comprenderla lo mejor posible debemos observarla desde distintos ángulos, desde diferentes puntos de vista.

Cuando abordamos un proyecto de mejora, de renovación, se impone disponer de varios especialistas. Hay que contar con la participación de distintos departamentos de la organización (comercial, técnico, jurídico, recursos humanos, etc.), que deben garantizarnos una visión de conjunto de la problemática que haya que abordar. Los proyectos cada vez serán también más internacionales, ya que los negocios se hacen globales, hay que vender en cuantos más países mejor. En los proyectos ya participan personas que residen en varios países, con otros husos horarios, que no comparten lengua materna y que pertenecen a culturas diversas.

En este nuevo marco, las organizaciones no podrán permitirse estructuras grandes y rígidas, aparatos gigantes e ineficientes. Empezando por la Administración, deberán evolucionar hacia modelos más ágiles y flexibles. Se constituirán equipos para trabajar en proyectos determinados, con objetivos concretos y limitados en el tiempo, en los que participarán profesionales contratados ex profeso y de distintos países, incluso de más de un continente. Se trabajará en red, utilizando las herramientas de comunicaciones unificadas y colaboración (*Unified communications and collaboration*, UC2)[15] en equipos multiculturales y multidisciplinares que se constituirán con un objetivo concreto y se disgregarán al conseguirlo.

---

[15] www.ucstrategies.com

Un ejemplo real de todo ello será ilustrativo. En mayo de 2011 cerré, gracias a la celebración del Congreso de Móviles en Barcelona, un acuerdo de colaboración entre mi empresa y una compañía canadiense. Aprovechando la invitación a participar en el Congreso de la Asociación Canadiense de Consultores Independientes de Telecomunicaciones (Canadian Telecommunications Consultants Association)[16] en Ottawa, se me ocurrió pasar por Montreal a conocer al presidente y al equipo de la empresa. El director comercial se ofreció a recogerme en el hotel a primera hora de la mañana. Mientras nos desplazábamos hasta una población de las afueras, al pasar por un parque empresarial, me indicó que allí habían tenido la sede central, pero que la habían cerrado. Le pregunté si es que se les había quedado pequeña y habían tenido que trasladarse a un lugar más espacioso, y me explicó que en absoluto, que la habían cerrado ya que todos trabajaban en casa y no la necesitaban. No tenía sentido pagar un alquiler para una reunión semanal. El equipo de dirección se reunía los viernes a cenar en un buen restaurante. Total, que en vez de ir a la sede central terminamos en el chalet del presidente. Por discreción no voy a describir el chalet ni diré cuántos coches y de qué modelos había aparcados; solo diré que, a tenor de lo visto, aquello funcionaba.

El presidente, un ingeniero de origen iraní, me contó que decidió que todos saldrían ganando si se instalaban a trabajar en sus casas. Que no tenía sentido perder dos horas al día atascados para llegar a la ofi-

---

[16] www.ctca.ca

cina. Está todo el equipo permanentemente conectado entre sí usando herramientas de comunicaciones unificadas y, aparte de los ingenieros que trabajan en el área de Montreal, muchos trabajan en diferentes ciudades de Estados Unidos. Además, hay equipos enteros de desarrollo de *software* en Rusia, India y Sudáfrica. Se trata de una empresa de éxito contrastado que ha encontrado soluciones muy avanzadas, gracias a las cuales se ha optimizado la gestión de millones de líneas de telefonía móvil. También ha reducido notablemente los viajes para visitar a sus clientes, que son grandes operadoras de telecomunicaciones, con los que se reúnen por videoconferencia. Como anécdota, me comentaron que las reuniones de los viernes, en formato cena, no se anulan nunca, lo cual en invierno y en Montreal es decir mucho. No se anulan ni cuando arrecia una tormenta polar y la temperatura es de -20 ºC. Realmente es muy interesante trabajar con empresas con esa mentalidad y es obvio que son el futuro. Por cierto, me comentaron que les hacían falta ingenieros.

Una época apasionante

Podríamos escribir mucho sobre los cambios que afrontamos, tan solo hemos citado algunos, pero el resumen es que vamos a disfrutar de una época de encuentros multiculturales, de flujo de la información, rápida, ágil, flexible, llena de oportunidades y también de riesgos, de cosas que han funcionado durante mucho tiempo y dejan de ser útiles, de excesos y de reequilibrios. ¿Tenemos la actitud adecuada para afrontarlos? Creo que no, o al menos no todo el mundo. La cultura conformista, de fobia al compromiso, la cultura del entretenimiento desmesurado (estate entretenido, no sea que pienses), del individualismo excesivo, de la reactividad y de la no colaboración, es la manifestación de la verdadera crisis, la de fondo y la que puede afrontarse con una cultura de mejora continua. Creo que disponemos de estrategias, y de las herramientas mentales y tecnológicas adecuadas para enfrentarnos a ello y superar la actual situación.

Don Tapscott, experto en estrategia de negocios a través de Internet y autor de los conocidos libros sobre la economía digital *Wikinomics* (superventas en Estados Unidos) y *Grown up digital* (*La era digital*) dice: «Esto no es una crisis, es un cambio histórico»[17] y es interesante la relación de cinco aspectos que en su opinión configurarán el nuevo modelo:

- Colaboración.
- Apertura y transparencia.
- Interdependencia.
- Compartir la propiedad intelectual.
- Integridad.

Nos enfrentamos no a una época complicada, todas lo son a su manera, sino a una época apasionante, en la que nuestra gran oportunidad todavía no ha llegado. De hecho, decir que estamos en la peor época o en una de las peores de la historia de la humanidad me parece que es una soberana tontería. Todas las épocas han sido muy difíciles y seguro que a muchos

---

[17] Entrevista en *La Vanguardia*, 21/1/2011.

de los que las han vivido les han parecido horribles. Solo hace falta un poco de visión histórica para darnos cuenta de que ahora tenemos la mejor tecnología, y la mejor comunicación y el mejor conocimiento entre seres humanos que nunca hemos tenido. Por ejemplo, no parece que estemos a punto de la destrucción nuclear como se ha estado en algún momento. Aquí nadie se acuerda ya ni de la Guerra Fría, ni de un siglo XX plagado de guerras y tragedias. Tenemos grandes retos y tenemos más recursos que nunca para afrontarlos. ¿Queremos de verdad afrontarlos?

> Ahora tenemos la mejor tecnología, y la mejor comunicación y el mejor conocimiento entre seres humanos que nunca hemos tenido.

3. Qué es eficiencia

*Ser eficiente es trabajar
de forma inteligente.*

Actuar con eficiencia es actuar de forma inteligente. Ser eficiente es hacer una cosa bien sin malgastar tiempo ni energía. Dedicar a cada asunto el tiempo y los recursos que hay que dedicarle, ni más ni menos.

Ser eficiente no significa ser perfeccionista. La perfección muy difícilmente se alcanza. En algunos asuntos, como estudios y proyectos, está claro que siempre hay aspectos que se pueden mejorar, ampliar, replantear, pero en algún momento hay que darlos por cerrados. Una persona eficiente sabe elegir ese momento. Un refrán castellano lo explica muy bien: «lo mejor es enemigo de lo bueno». De hecho, el perfeccionismo es muy peligroso, es una neurosis.

No debe confundirse la eficiencia con la eficacia. Ser eficaz es hacer una cosa bien y obtener los resultados esperados. Es decir, para ser eficiente hay que ser algo más que eficaz. La eficiencia es, por tanto, imprescindible para tener una alta productividad.

Para que un proceso sea no solo eficaz sino también eficiente hay que diseñarlo adecuadamente. Un proceso que era eficiente cuando se estableció no significa que

> Ser eficiente es hacer una cosa bien sin malgastar tiempo ni energía.

continúe siéndolo a lo largo del tiempo porque cambian las circunstancias y las herramientas disponibles. Podemos tomar una fotografía con una cámara réflex con carrete de fotos o con una cámara digital. Ambos dispositivos son eficaces, ya que los dos sirven para obtener una foto. Pero en el primer caso es necesario revelar el carrete y traspasar la foto a papel, y en el segundo caso, no. La cámara digital es mucho más eficiente, hacemos muchas más fotografías, es muy fácil y económico obtener copias y distribuirlas.

Por tanto, para mantener la eficiencia hay que entrar en un replanteamiento periódico de los procesos que tenemos establecidos. Ese replanteamiento del trabajo es la reingeniería de procesos. En el mundo del *software* es intrínseca, ya que siempre se van desarrollando nuevas versiones.

Stephen Covey, escribió un conocidísimo libro, *Los 7 hábitos de las personas altamente efectivas*. Es decir que se refería a las personas que hacen las cosas bien; el adverbio *altamente* puede entenderse como que hacen una gran cantidad de cosas y además las hacen muy bien. De alguna forma podríamos decir que una persona altamente efectiva es una persona eficiente. Obviamente, recomiendo la lectura de esa y otras obras de Covey. Iremos mencionando los siete hábitos a lo largo de este libro.

Insisto en que trabajar de forma eficiente es trabajar de forma inteligente y para ello es imprescindible el análisis. Analizar el problema antes de ponerse a trabajar en él. Cuando comentemos las fases que deben tener un proyecto insistiremos en que la fase de análisis es vital para su éxito.

4. Qué es innovar

> *Cristóbal Colón*
> *era un innovador,*
> *no un descubridor.*

Innovar es hacer algo de una forma diferente a la habitual o establecida. La innovación debe perseguir que el proceso se efectúe de forma más eficiente, utilizando menos recursos, sin malgastar ni tiempo ni energía.

Cristóbal Colón era un innovador que descubrió América por casualidad. Él no buscaba un nuevo continente sino un camino más corto para llegar a las Indias; por tanto, se cuestionó la forma en que se hacía una cosa y buscó una solución más eficiente. Era una persona de mente abierta y obtuvo un gran éxito, no el que él se esperaba, si no uno mucho mayor. Su afán innovador realmente aportó mucho a la humanidad.

Muchos de los procesos de negocio se establecieron hace tiempo, en circunstancias distintas de las actuales y con una disponibilidad de recursos y herramientas diferente. Innovar no consiste, por tanto, en cuestionar decisiones anteriores, lo cual no aporta nada; es obvio que el tiempo no puede rebobinarse, el pasado no se puede cambiar. De hecho, es una pérdida de tiempo arrepentirse de una decisión anterior que ha desembocado en un proceso ineficiente; lo que hay que hacer es trabajar para que vuelva a ser eficiente lo antes posible y genere riqueza y no pérdida. Cuando un proceso lleva tiempo establecido, siempre hay que cuestionárselo.

Investigación + desarrollo + innovación

A veces pensamos que la investigación, el desarrollo y la innovación (I+D+i) solo hacen referencia a la búsqueda de avances científicos o al desarrollo de nuevas tecnologías, y olvidamos que hay un amplio campo de mejora en los procesos cotidianos.

> Recordemos que hay un amplio campo de mejora en los procesos cotidianos.

Otra de las confusiones habituales es confundir investigación con desarrollo e innovación. Cuando se habla de I+D+i demasiadas veces nos detenemos en la primera I, la de investigación, y le restamos importancia al desarrollo y a la innovación. La investigación nos dota de nuevos conocimientos y herramientas; con el desarrollo y la innovación se usan esos conocimientos y herramientas para resolver soluciones reales y obtener aplicaciones prácticas. Todos los aspectos se necesitan. La mejor y más clarificadora definición que conozco es la de Julio Lorca Gómez y Alejandro Jabad, citada por el artículo de Wikipedia[18] de definición I+D+i: «Investigar es invertir recursos para obtener conocimiento, en tanto que innovar es invertir conocimiento

> Innovar es invertir conocimiento para obtener valor.

---

[18] es.wikipedia.org/wiki/Investigacion_desarrollo_e_innovacion

para obtener valor». Parece que esta definición se inspiró en una del ex primer ministro finlandés Esko Aho, realmente provocativa y en exceso materialista, en la que afirma: «Investigar es como invertir dinero para obtener conocimiento, mientras que innovar sería invertir conocimiento para obtener dinero».

De esa magnífica definición se deduce que mientras la investigación no está al alcance de todos, sí lo está por contra la innovación, ya que todos tenemos conocimientos en algún campo y, por tanto, podemos generar valor con ellos. En función de nuestros conocimientos y nuestras capacidades no solo todos podemos innovar, sino que todos estamos llamados a innovar.

> Innovar está al alcance de todos.

Además no podemos obviar que una estrategia adecuada de I+D+i genera un círculo virtuoso; es un fenómeno que se retroalimenta, un servosistema. Esta es una de las ideas claves sobre las que se desarrolla todo este libro.

Innovar es evolucionar siempre

El proceso innovador debe ser una evolución, no una revolución en sí mismo, puede llegar a producir resultados revolucionarios pero no tiene que destruir, de entrada, nada de lo que está funcio-

> Innovar debe ser una evolución, no una revolución.

nando, de lo que es eficaz aunque no eficiente. Debe permitir una transición sin ruptura desde la situación anterior hasta la nueva. Las cosas no pueden dejar de funcionar, ya que siempre es mejor funcionar de forma ineficiente que no funcionar. No puede detenerse el día a día.

El riesgo puede gestionarse

Por otra parte, el riesgo es intrínseco a cualquier proceso de innovación. Eso significa que las cosas pueden salir mal, pero que una cosa pueda ir mal no significa que no deba hacerse. El riesgo puede gestionarse. Pueden tomarse acciones tendentes a minimizarlo, pero no debe negarse. Hay que aceptar que el riesgo cero no existe.

Los detalles son importantes

Muchas veces modificando pequeños detalles se consiguen mejoras muy importantes. Hay que reivindicar la importancia de las cosas pequeñas y de los trabajos que no se ven.

> Hay muchas cosas muy importantes que no son visibles.

Hay muchas cosas que no se ven pero existen. No se ve, por ejemplo, el amor que tiene el esposo por la esposa o por los hijos, pero existir existe y la de cosas que suceden gracias a eso. La escuela filosófica de la fenomenología[19] estudia esos aspectos, el componente visible y el invisible de cada fenómeno. La cultura de una empresa tampoco se ve pero existe y con la motivación sucede lo mismo.

Es frecuente no ver a las personas que limpian la oficina, pero nadie trabajaría a gusto si estuviera sucia. Le preguntaron a una persona que barría el suelo en Cabo Cañaveral qué hacía y contestó: «Ir a la Luna», y tenía razón, porque los detalles son más importantes de lo que parece.

Innovar no es en la gran mayoría de las ocasiones abordar grandes proyectos de transformación, hacer cosas espectaculares, sino actuar en la mejora del día a día. Esperar a hacer grandes transformaciones es una excusa fácil, pero olvidando los detalles nunca encontramos el momento de arreglar pequeños defectos.

Evitar las discontinuidades

En la historia de la humanidad se han producido frenazos tecnológicos significativos, frenazos inexplicables en los procesos de innovación continua. En estos momentos estamos tropezando por segunda vez en la misma piedra, es decir, ya nos equivocamos en una

---

[19] Escuela filosófica fundada por el judío Edmund Husserl. Es uno de los movimientos filosóficos más influyentes del siglo XX y también del XXI. La fenomenología trascendente estudia los fenómenos y dice que en ellos hay lo que se ve y lo que no se ve, y que con frecuencia es más importante lo que no se ve. Además de influir en Juan Pablo II, también lo hizo, entre otros, en la monja judía carmelita Edith Stein, asesinada en Auschwitz, y en pensadores tan opuestos a los anteriores como Jean-Paul Sartre.

ocasión: se trata del parón nuclear. La energía nuclear es sin duda una tecnología muy compleja y no exenta de peligros, pero también es una fuente muy importante de energía limpia. Ahora nos encontramos a medio camino, ya que no tenemos la solución suficientemente consolidada. Estamos prolongando la vida de centrales de primera y segunda generación, diseñadas en la década de 1950 y, por tanto, manifiestamente mejorables. Se rompió por primera vez el ciclo de mejora a raíz de la tragedia por imprudencia temeraria de Chernóbil. Ahora vamos camino de repetirlo a causa del accidente de Fukushima, este debido a fuerzas incontrolables de la naturaleza. Se trata de dos accidentes muy distintos y de consecuencias diferentes, y en el segundo caso muy magnificadas; basta con comparar los treinta mil muertos directamente provocados por el terremoto y el posterior tsunami con los provocados por las explosiones de hidrógeno en los reactores de Fukushima, oficialmente ninguno. ¿Alguien ha contabilizado los muertos por silicosis que provocan cada año las minas de carbón o el CO_2 que lanzan a la atmósfera las centrales que lo consumen?

Es obvio que la seguridad de las centrales nucleares es mejorable, sobre todo en los procesos de parada de la reacción debido a catástrofes naturales. No olvidemos que el accidente de Chernóbil fue debido a una actuación incorrecta que solo se entiende al amparo de un régimen político obsoleto, en descomposición y actuando a la desesperada. La explosión de Chernóbil, por lo que leí en su momento, cuando yo trabajaba en la Central Nuclear de Ascó en Tarragona, se debió a un sobrecalentamiento del núcleo. Parece ser que los operadores estaban experimentando cómo poner en marcha la central sin necesidad de alimentación eléctrica externa y, por tanto, levantaron todas las barras de granito que controlan la reacción nuclear; en cuestión de milisegundos, perdieron el control y aquello acabó fatal. Las centrales soviéticas, a diferencia de las occidentales, no tienden a autoapagarse. Lo que no se puede discutir, en ningún caso, es que la energía nuclear no solo es capaz de generar una gran cantidad de electricidad sino que, además, dota a Occidente de cierta autonomía energética y que, por tanto, renunciar a esta fuente, como se ha hecho en algunos países, sin ni siquiera un debate a fondo y rompiendo la investigación en este campo es una temeridad. Lo lógico es desarrollar las centrales de tercera generación, sustituir las viejas por nuevas y potenciar la investigación en el campo de la fusión nuclear hasta conseguir sustituir las centrales de fisión.

Otro ejemplo no tan dramático es el caso del avión comercial a reacción Concorde. Si existe la tecnología para cruzar el Atlántico en dos horas, ¿por qué lo hacemos en ocho? El Concorde, como las nucleares, se diseñó hace muchos años; seguro que ahora lo haríamos mejor, con menos impacto ambiental; repetimos el error de romper el círculo virtuoso de innovación, el ciclo de mejora continua. La industria del *software* lo tiene claro: acepta que los programas siempre serán mejorables, incluso que tienen fallos, y lanza continuamente versiones nuevas y actualizaciones.

Parte II

OBSTÁCULOS Y BARRERAS

5. Pereza mental

Las personas solo cambiamos de verdad cuando nos damos cuenta de las consecuencias de no hacerlo.
Mario Alonso Puig

¿Por qué es tan difícil cambiar? El ser humano es un animal de repetición. Adquiere virtudes a base de repetir actos buenos y acumula vicios cuando repite actos malos. A las organizaciones de cualquier tipo les pasa lo mismo. La resistencia al cambio es uno de los aspectos más estudiados por la psicología y los expertos en organización. Como el tema me apasiona, he leído bastantes libros y he reflexionado mucho sobre este asunto. Todos tenemos nuestra zona de confort y cualquier cambio la pone en riesgo; por tanto, es más cómodo no cambiar, no innovar, dejarse llevar por las costumbres. Esa actitud llevada al extremo se convierte en un «buenos días, pereza».

Todos esperamos caernos un día del caballo para que la vida nos cambie de forma automática y sin esfuerzo, como pensamos que le pasó a Saulo de Tarso[20]. Pero esto no sucede, ni es probable que le sucediera así a san Pablo. Ya que lo que no se explica y solo comentan los estudiosos, a partir de la explicación del propio afectado en su carta a los Gálatas[21], es

---

[20] Hechos de los Apóstoles 9, 1-30.
[21] Gálatas 11-18.

que Pablo muy probablemente se retiró después de su caída tres años en Arabia. Allí, opinan estas fuentes, Saulo debió de dedicarse al estudio y la meditación y a prepararse adecuadamente para su nueva misión. El cambio de actividad de Saulo, ahora con el nombre de Pablo, no fue un acontecimiento instantáneo. Al igual que a Saulo, en nuestra vida puede que acontezca un suceso extraordinario que actúe de desencadenante de un cambio, pero para que este se confirme, habrá que trabajárselo y será necesario superar un periodo de adaptación y de aprendizaje.

En su libro *Vivir es una necesidad urgente*, Mario Alonso Puig dice: «Las personas solo cambiamos de verdad cuando nos damos cuenta de las consecuencias de no hacerlo». Esta consideración es aplicable también a cualquier tipo de organización. Hay que estar alerta para que no sea tarde cuando detectemos que era necesario un cambio. Dejar de fumar cuando a uno le diagnostican un cáncer es peor que haberlo hecho antes, quizá podíamos haberlo evitado.

«The party's over» es el famoso titular que puso *The Economist* el 11 de noviembre de 2008[22] para referirse a la explosión de la burbuja inmobiliaria en España y significa «se acabó la fiesta». Efectivamente se acabó y llegó una tasa de desempleo cercana al 27 % y el desconcierto general. Si no nos damos cuenta ahora de que debemos introducir cambios, cuando ya tenemos las consecuencias encima, no sé cuándo lo vamos a hacer.

---

[22] www.slideshare.net/rgonzalop/the-economist-spain-special-report-the-partys-over

Ser crítico

La pereza siempre es mental. Pensar cuesta y cansa. Pensamos poco, y si no se piensa, no se perciben las consecuencias de los actos. Así, nos mantenemos en la zona de confort, en realidad, de falso confort. De las reflexiones del filósofo José Antonio Marina vislumbro que la pereza mental tiene dos justificaciones distintas; por un lado, la de los fanáticos y, por otro, la de los escépticos. Los primeros están tan seguros de sus ideas que ni se plantean cuestionárselas, mientras que los segundos opinan que no vale la pena cuestionárselas porque la mejora es imposible. Siguiendo la clasificación de Marina, la tercera estirpe, la del crítico, es la que se pregunta, busca y cree que gracias al análisis, la experimentación y la deducción es posible progresar, acercarse a la verdad. Promovamos la necesidad del análisis y la crítica.

Ya hemos comentado que el sobreentretenimiento, estar distraído con cualquier cosa, evita pensar e impide la reflexión. Si lo enfocáramos desde una perspectiva revolucionaria, a los poderosos les interesa fomentar el entretenimiento, organizar circos. Nos dicen que nos pongamos cómodos y que no nos preocupemos de nada, que papá/mamá Estado nos cuidará y no nos faltará de nada.

6. Los jugadores

*Averigua con quién
te la estás jugando.*

La clasificación en estirpes que hace Marina, también ha sido abordada por otros autores y desde otros aspectos. Se habla de tres tipos de personas. En primer lugar, los actores del cambio, que son las personas que hacen que las cosas sucedan; en segundo lugar, aquellas que observan cómo las cosas suceden; y en tercer lugar, las personas que se asombran de que haya sucedido algo, especialmente si el cambio es para mejor. Mi colega norteamericana Janet Smith, consultora independiente de telecomunicaciones, en sus presentaciones explicaba que cuando se aborda un proyecto siempre hay que identificar a los jugadores y proponía clasificarlos como amigos, enemigos o neutrales; de la conferencia de Smith me sorprendió la naturalidad con que abordaba el tema, muy norteamericana, muy realista, de llamar a las cosas por su nombre. Si se reconocen las características de los jugadores del equipo, se puede intentar sacar lo mejor de ellos. No hay que dar por supuesto que todos tengan la actitud adecuada, porque no es así. Tampoco es habitual que tengan la aptitud necesaria, los conocimientos que deberían poseer o que se precisan. Sin embargo, con la actitud adecuada siempre es mucho más fácil adquirir las aptitudes precisas.

A mí me gusta hablar de actitudes constructivas, destructivas y vegetales. La actitud vegetal debería ser la menos frecuente, ya que no es propia del animal racional que es el ser humano, pero, en mi opinión, es la más habitual. El vegetal opta por la comodidad y piensa: «Mejor no me mojo, que tome otro las decisiones, no debo molestar, no sea que me digan que pongo palos en las ruedas y quede en evidencia si al final el proyecto sale bien». Lo que caracteriza a un vegetal es que está plantado; es decir, que no tiene movilidad. Estar presente, una actitud que a mí me recuerda los entierros de cuerpo presente, aquellos en que el ataúd que contiene el cuerpo del difunto está en la ceremonia, y está allí, porque alguien lo ha llevado, es obvio que él solo no se ha presentado a su entierro.

La sabiduría contenida en la Biblia también nos enseña y confirma que la actitud escéptica, la indiferente, la vegetal, es la más peligrosa. Por ejemplo, hasta el Apocalipsis, último libro del Nuevo Testamento y escrito por san Juan Evangelista, discípulo predilecto de Jesús, nos previene de este tipo de actitudes; en la carta del ángel de la Iglesia de Laodicea dice: «Conozco tus palabras y que no eres frío ni caliente. ¡Ojalá fueras frío o caliente!; mas porque eres tibio, y no eres ni frío ni caliente, estoy para vomitarte de mi boca»[23]. Duro mensaje el que el ángel en nombre de Dios transmite a la Iglesia de Laodicea. Menos mal que dice *estoy para vomitarte* y no *te vomitaré*, como a veces se señala, lo cual indica que siempre nos queda la esperanza en la misericordia divina y, en vez de encontrarnos con una condena, debemos darnos cuenta de que nos encontramos frente a un

---

[23] Apocalipsis 3, 15-16.

llamamiento al cambio que no hay que dejar caer en el olvido. Hay que estar alerta, tal como nos recuerda el último versículo de la carta: «El que tenga oídos que oiga lo que el Espíritu dice a las Iglesias». La tibieza puede llamarse también mediocridad. Por cierto, el Apocalipsis no es el libro del fin del mundo, sino el que profetiza una nueva era, mejor que la presente. Hay autores que incluso indican que el Apocalipsis propone una conversión continuada.[24]

Mario Alonso Puig, habla incluso de personas «agujero negro» y aconseja no acercarse demasiado a ellas, no sea que te engullan. Serían como un sumidero de energía.

Un tópico del *management* que enseñan en las escuelas de negocios es que hay que rodearse de los mejores, que hay que tener el mejor equipo. Es obvia la importancia de una buena selección de personal, que es muy difícil de hacer, sobre todo porque no se le dedica ni el tiempo ni los recursos necesarios; por el contrario, es común actuar precipitadamente. En muchos casos, incorporar a los mejores a nuestro equipo no es posible, bien sea por coste o porque no están disponibles. También sucede que las personas que catalogamos de mejores, en realidad, no lo son, porque lo cierto es que nunca se sabe cómo responderán las personas a determinadas

> Rodearse de los mejores es imposible.

---

[24] Modelo «pascual» de interpretación del Apocalipsis, citado por Ignacio Rojas en *Qué se sabe de... Los símbolos del Apocalipsis,* Verbo Divino, 2013.

situaciones, ni cómo se desarrollará un proyecto, en definitiva, qué depara el futuro. La persona que era óptima o idónea para el lanzamiento del proyecto, puede no serlo en fases posteriores. Por otra parte, las circunstancias políticas, económicas, sociales, tecnológicas, y ambientales cambian. Por su parte, las personas también evolucionan, deberían madurar y crecer en conocimiento y sabiduría, pero no siempre es así. Además en cualquier empresa o proyecto hacen falta diferentes perfiles y no es bueno tener gente muy preparada efectuando trabajos de cualificación inferior, ya que se frustrarán. Por tanto, creo que lo inteligente no es rodearse de los mejores —me parece imposible—, sino procurar sacar lo mejor de cada uno de los miembros del equipo y que todo el grupo evolucione a mejor en un círculo virtuoso de crecimiento. Los componentes del equipo pueden y deben mejorar de forma continua y estar permanentemente formándose o aprendiendo. Creo muy acertado el concepto anglosajón de *learning organization.*

> Liderar un equipo es conseguir que cada miembro dé lo mejor de sí mismo.

Otro gran tópico es que no podemos cambiar y por eso catalogamos a las personas de forma precipitada. El cambio puede ser difícil, o muy difícil, pero en ningún caso es imposible. Ya hemos citado anteriormente a Mario Alonso Puig: «Las personas solo cambiamos de verdad cuando nos damos cuenta de las consecuencias de no hacerlo». Por tanto, lo que realmente es un reto apasionante, y más para un líder empresarial o director de proyectos, es conseguir que el equipo adquiera la actitud idónea para que se lleven a cabo los cambios oportunos. Los colaboradores aceptarán un nuevo procedimiento por sí mismos y se formarán adecuadamente para conseguir

> El buen líder consigue que el equipo adopte la actitud idónea.

las aptitudes precisas si conseguimos que tengan la actitud adecuada.

Las actitudes neutrales o vegetales esconden, en realidad, actitudes negativas; son enemigos encubiertos. El crecimiento cero es una falacia: o se rema o se es una rémora, un peso muerto que impide avanzar a la canoa o elevarse al globo. Estar quince años en una empresa sin hacer nada[25], ni bueno ni malo, es robar, aunque sea por omisión y aunque la empresa se deje, no sepa evitarlo o, lo que es peor, aun detectándolo, no tenga a su disposición herramientas legales o económicas para evitarlo.

En la realidad ni se puede ni se debe catalogar a las personas. No existe nadie que sea cien por cien de una manera ni que siempre se comporte igual, pero las clasificaciones comentadas son aproximaciones muy cercanas a la realidad y ayudan a conocer con quién estamos jugando y cómo sacar el máximo rendimiento de cada persona del equipo. Cuantos más constructores tengamos mejores resultados obtendremos. Cuantos menos destructores menos habrá que recons-

---

[25] Ejemplo: *Buenos días, pereza.*

truir. Aunque uno no sea el líder del equipo, la actitud positiva y constructiva siempre aporta. Padres, educadores, líderes empresariales, jefes de departamento o de proyecto, deberían impregnar a sus hijos, alumnos y colaboradores de una actitud constructiva.

¿Quién juega el partido de la innovación en una organización? Pues todos, la organización en su conjunto, desde la alta dirección hasta recursos humanos, pasando por marketing, finanzas, comercial, producción y, sobre todo, organización y sistemas. Además, habrá que fichar jugadores externos, como consultores, proveedores, integradores o instaladores. Las actitudes que hemos mencionado deben ser no solo individuales, sino también colectivas: tienen que compartirlas departamentos enteros o grupos de personas. En ese sentido, hay que estar alerta para detectar las dinámicas de grupo negativas, del tipo *mediocres unidos jamás serán vencidos*. Las redes de mediocridad son muy difíciles de deshacer y suelen ser transversales. Es decir, no solo podemos encontrarnos un quiste de mediocridad, sino un entramado que se distribuya entre distintos niveles y departamentos de la organización. En las sociedades adormecidas, anestesiadas, apáticas o desmoralizadas triunfa la mediocridad.

En cualquier caso, es importante identificar el enfoque de todos los jugadores, ya que, conocidas y aceptadas las limitaciones del equipo, tendremos al menos la oportunidad de gestionar la situación y modificarla. Si se piensa que todos van a colaborar de manera espontánea, habrá más dificultades. Es un error de naturaleza utópica esperar que habrá un equipo perfecto para abordar un proceso de innovación o mejora;

hay que hacerlo con el equipo disponible, sacando lo mejor de él.

De la misma manera que la mediocridad es transversal, también se distribuyen de esta forma las personas intratables, por un lado, y los constructores, en el otro extremo. En todos los equipos y en todos los niveles siempre hay gente que va a aportar valores y que quiere construir. Lo inteligente es descubrirlos y apoyarse en ellos. Al fin y al cabo se trata de detectar líderes naturales y conseguir que tiren del carro las personas claves de la organización.

7. Envidia

> *La envidia está detrás de los acuerdos perder-perder.*

Me he decidido a dedicar un capítulo a este asunto, porque he observado el gran poder destructor de este pecado capital. He detectado que se toman muchas decisiones bajo su influencia y no debería tomarse ninguna en ese lamentable estado.

Los pecados capitales, siete, fueron enunciados por el papa Gregorio Magno en el siglo VI y los estudió ampliamente santo Tomás de Aquino. Esos vicios reciben el calificativo de «capitales» porque se consideran el origen de otros muchos pecados; es decir, son una fuente de desgracias. La virtud que se opone a la envidia es la caridad, que es la gran virtud. *Deus caritas est*[26] es la primera encíclica del papa Benedicto XVI. «Dios es caridad»: Dios es amor. Caridad es desear y hacer siempre el bien al prójimo. Que para enfrentarse a la envidia debamos recurrir a la caridad nos da una idea de lo peligroso que es este asunto.

José Antonio Marina[27] considera la envidia una pasión. Y pasión se define como «sentimientos intensos, vehementes, tendenciales, con un influjo poderoso sobre el individuo». Es, efectivamente, un sentimiento

---

[26] www.vatican.va/holy_father/benedict_xvi/encyclicals/documents/hf_ben-xvi_enc_20051225_deus-caritas-est_sp.html

[27] Marina tiene una muy amplia e interesantísima bibliografía sobre estos asuntos, publicada en la editorial Anagrama.

destructivo que a muchas personas les resulta difícil gestionar; por desgracia es habitual toparse con personas dominadas por ella. Este asunto es tan serio, que ya aparece en el primer libro de la Biblia, el Génesis, el mismo que explica la creación. Caín mató a su hermano Abel por envidia[28].

La envidia es una característica intrínseca del *destroyer*. El envidioso piensa que si una idea no es suya no debería triunfar, ya que otra persona se llevará una medalla y si el asunto es significativo se producirá un reequilibrio del poder interno, que seguramente le perjudicaría. La Real Academia Española[29] define la envidia como una tristeza o pesar por el bien ajeno, pero lo que es extraordinario es que se llega a preferir el mal de todos antes que reconocer el mérito de un tercero. De hecho, ya dijo Napoleón que la envidia es una declaración de inferioridad. La envidia es algo muy hispánico. Jorge Luis Borges dijo: «El tema de la envidia es muy español. Los españoles siempre están pensando en la envidia. Para decir que algo es bueno dicen: "Es envidiable"». ¡Cómo nos describe el lenguaje que utilizamos! Los neurolingüistas tienen un gran futuro. En este sentido, el ya citado José Antonio Marina ha trabajado mucho sobre el significado y el uso de las palabras para analizar el carácter de una sociedad. Si Borges tiene razón, y me parece que sí, nos enfrentamos a un entramado de mediocridad; o sea, que Borges ya sabía lo que dice la encuesta del libro *Alerta y desconfianza. La sociedad española ante la crisis.*

---

[28] Génesis 4.
[29] lema.rae.es/drae/?val=envidia

Sin duda, la envidia está detrás de los acuerdos perder-perder: «Ni para mí ni para ti; que lo partan en dos»[30]. Esa es la terrible frase que pronuncia la mujer que intentaba robar un bebé, según se cuenta en la historia bíblica. El rey Salomón, reconocido por su sabiduría, resuelve el contencioso sobre la maternidad de un niño provocando un acuerdo perder-perder: «Partid por el medio al niño vivo y dad la mitad de él a la una y la otra mitad a la otra». La renuncia al acuerdo de la verdadera madre y la aceptación del acuerdo por parte de la falsa le permiten al rey resolver el problema. La falsa madre, dominada por la envidia, prefiere la muerte de otro niño. El suyo había fallecido y no puede soportar la felicidad de otra madre, así que no le importa que todos pierdan: si yo no puedo tener el mío, tú tampoco tendrás el tuyo.

A la guerra y a romperlo todo. Muchos de nuestros políticos piensan: como no mando yo, cuanto peor, mejor. Así nos va: en vez de aprender de la historia nos empecinamos en repetirla. No podemos trabajar obviando este asunto. Hay que evitar que se introduzca en un proyecto, en una organización. La discreción es una buena estrategia para enfrentarse a la envidia destructiva y a la mediocridad. Es recomendable procurar no despertarla, no provocarla. Cualquier sugerencia sobre cómo, si no evitarla, al menos gestionarla será muy bien recibida, porque este asunto es una gran barrera y, por tanto, superarla constituye un gran reto.

---

[30] I Reyes 3, 26.

Necesitamos menos competición y más cooperación, menos envidia y más admiración por el éxito y la aportación de los demás, que esperamos sepan compartir.

8. Procrastinación

> *No hagas hoy lo que*
> *puede dejarse para mañana.*
> *En vez de eso, focalízate en lo que debe*
> *hacerse hoy y tendrá más impacto.*
> Phil Edholm

Procrastinar es un verbo feo, difícil de pronunciar, pero muy fácil de ejecutar. Procrastinar significa retrasar la toma de decisiones. Nunca encontrar el momento adecuado para hacer algo. Es muy fácil conseguir una gran cantidad de argumentos para no tomar una decisión. Las doctoras Jane B. Burka y Leonora M. Yuen han estudiado en profundidad este fenómeno y han resumido sus conocimientos en el libro *Procrastination. Why you do it, what to do about it Now* (Procrastinación. Por qué lo hacemos y qué hacer ahora mismo para evitarlo). Encontré, y me compré, la edición revisada y actualizada que se publicó con motivo del veinticinco aniversario de la primera edición, en la estantería de libros más vendidos de la librería del Massachusetts Institute of Technology en Boston. Creo que no fue casualidad encontrar ese libro donde lo encontré: no deja de ser interesante que, en una universidad politécnica, de reconocidísimo prestigio internacional por su investigación e innovación, preocupe este tema. Quizá se deba a que conocen bien la condición humana, ya que es un defecto muy humano que afecta a todas las sociedades. Así que, sin duda, lo más inteligente es reconocer el fenómeno, estudiar las causas y conocer cómo podemos actuar para superarlo.

La procrastrinación es un vicio muy extendido: se retrasa la edad de contraer matrimonio, se retrasa la edad de tener un hijo, de dejar de fumar, de hacer más deporte y también se retrasa el momento de abordar un nuevo proyecto, de aprender otro idioma, etc. Debemos recordar que la omisión no es una acción correcta, ya que significa dejar de hacer una cosa que deberíamos haber hecho. Existe el pecado de omisión como también existe el deber de auxilio. Los pecados en general no están de moda, pero es que el de omisión parece haber desaparecido de la faz de la Tierra, cuando, en mi opinión, es el más frecuente. El de omisión es, por tanto, un pecado discreto y pudoroso.

Excusas para no actuar hay miles, me atrevo a relacionar algunas:

- No tenemos presupuesto.
- Yo no mando nada.
- No somos independientes.
- No tenemos equipo.
- No estamos organizados.
- No sabemos bastante.
- Tenemos que pensárnoslo más.
- No servirá para nada. No hay necesidad.

Puede que alguna de ellas, e incluso varias, sean verdad, pero también puede verse desde otro punto de vista:

- Frente a la falta de recursos económicos, que es muy habitual, podemos analizar a fondo los costes o podemos buscar otros modelos distintos a los tradicionales como pago por uso (*pay per use*).

- Poder, lo que se dice poder de verdad, pues lo tiene una ínfima minoría, pero no tener poder no significa que no se pueda tener autoridad y siempre hay capacidad de influencia. Influir se consigue no permaneciendo callado, proponiendo ideas y denunciando ineficiencias.
- Plena independencia y libertad de actuación no la tiene nadie. La mayoría de las regiones del mundo no disponen de un Estado independiente; es más, las más prósperas no lo son (Nueva York, California, Baviera, Piamonte, Véneto). Sí tienen un alto grado de autonomía, pero la riqueza de verdad la generan los negocios y no el control de las estructuras del Estado, la mayoría de las cuales están obsoletas.
- Los equipos se crean y deben ser multidisciplinares e incorporar personas externas a la organización. El trabajo por proyectos en el que se premien los resultados funciona mejor. No hay que pagar por ir a trabajar, por estar allí, sino por el trabajo efectuado.
- Organizarse correctamente es un asunto de tener voluntad de hacerlo.
- Nadie sabe de todo, pero no pasa nada por preguntar a quien sabe y pedir ayuda a otros.
- El exceso de análisis descubre demasiadas dificultades y genera una cierta tendencia al bloqueo. Los análisis deben ser equilibrados y desapasionados.
- El nihilismo, negar la trascendencia de nuestros actos, no tiene sentido. Es una profecía de autocumplimiento. Si nos creemos que no podremos, efectivamente, no haremos nada.

No obstante, advertir contra la procrastinación, no significa en ningún caso proponer la precipitación. El éxito se encuentra, como explica Frankl, en qué se hace durante el espacio de tiempo que transcurre desde el instante en que se recibe el impulso de actuar hasta que se actúa. En pensar y en dominar nuestra reacción.

Mi colega Phil Edholm en su libro *Napkin Logic 48 Great Business Ideas, Lessons, and Rules, and Insights to make you a better business person and entrepreneur* (Servilleta lógica: Cuarenta y ocho grandes ideas de negocio, lecciones y reglas, y perspectivas para hacerte mejor empresario y emprendedor) propone refinar el refrán «No dejes para mañana lo que puedas hacer hoy» y transformarlo en la cita que encabeza este capítulo: «No hagas hoy lo que puede dejarse para mañana; mejor focalízate en lo que debe hacerse hoy y tendrá más impacto»; es decir, hay que priorizar, ejecutar primero lo primero.

Para Stephen Covey, poner primero lo primero es el tercer hábito de una persona altamente efectiva, tal como refleja en su libro *Primero lo primero*, una guía para administrar el tiempo. En mi caso, intento aplicar sus recomendaciones repasando cada mañana al iniciar la jornada de trabajo la lista de tareas del día anterior, tacho las finalizadas y añado nuevas, tal cual surgen en mi mente; luego cojo el bolígrafo rojo y las priorizo. No es un gran método pero funciona.

Para finalizar los comentarios sobre este tema no puedo evitar citar a la madre Teresa de Calcuta, fundadora de las Misioneras de la Caridad: «Se debería hablar menos; un lugar de predicación no es un punto de encuentro. ¿Qué has de hacer entonces? Coge una escoba y limpia la casa de alguien. Esto ya dice mucho». Mi interpretación libre de esta reflexión adaptada al mundo de la empresa o a uno mismo es que por un lado hay que dar menos vueltas a las cosas, mantener menos reuniones y designar menos coordinadores y, por el otro, hay que dirigir más y actuar más[31], porque, si no, nuestras casas se están quedando sin barrer.

Hay que buscar el equilibrio entre Marta y María, las hermanas de Lázaro, al que Jesús resucitó. Contemplación y acción[32]: el Evangelio alaba a Marta, pero pocos recuerdan que si todos se hubieran quedado contemplando a Jesús, allí no habría comido nadie. *Ora et labora* dice la regla de san Benito de Nursia[33] (siglo IV). La traducción moderna a la vida diaria es: reflexiona y actúa. De hecho, la reflexión solicitando la inspiración del Espíritu Santo es oración.

Ora et labora.

---

[31] No es lo mismo un coordinador que un director.
[32] San Lucas 10, 38-42.
[33] www.osb.org

9. Compromisofobia

*Un diamante es
para toda la vida.*

Mi despacho se encuentra en una de las principales áreas comerciales de Barcelona, la más frecuentada por los turistas. Desde que me instalé aquí, hace ya más de veinte años, la oferta comercial ha variado. Uno de los cambios que me ha hecho notar mi esposa es que han desaparecido varias joyerías, que, curiosamente, han sido sustituidas por tiendas de lencería femenina *low cost*. Ha disminuido la oferta de regalos, signo inequívoco de un compromiso a muy largo plazo, muchas veces de por vida, y que pasa de madres a hijas, de abuelas a nietas, de aquello de que «un diamante es para siempre» y a cambio ha aumentado la oferta de signos de placer inmediato, rápido y efímero. No digo que no tenga que existir esa oferta ni abogo por el puritanismo, pero me ha parecido un efecto curioso, y adecuado para introducir este capítulo. Creo ver un ejemplo del creciente miedo al compromiso. Ciertamente, compromete mucho menos regalar lencería, por muy cara y fina que sea, que ofrecer un diamante; sobre todo compromete mucho menos el bolsillo del que regala.

Cuesta comprometerse. Se observa miedo a comprometerse. Hay una tendencia clara a no mojarse, al estilo de Poncio Pilato. Cuesta defender una postura. No es fácil averiguar qué piensa alguien sobre un determinado asunto.

Otro ejemplo, la madre que le dice a la hija que se case por lo civil y no por la Iglesia, porque así se compromete menos. Se da por hecho que va a terminar mal. Con ese planteamiento, efectivamente, hay muchas más posibilidades de que el asunto no prospere. No estoy hablando aquí de creencias religiosas sino de la fuerza del compromiso, de la voluntad de éxito: se profetiza el fracaso y por tanto se fomenta que este se materialice.

Hoy en día en Europa el número de nacimientos fuera de matrimonios formales alcanza un 39,3 %[34] del total. Reflexiono: si muchos de nuestros conciudadanos no consideran necesario comprometerse mediante la firma de un contrato matrimonial ni cuando deciden tener descendencia biológica[35], cuánto más difícil será conseguir que se comprometan en otro tipo de proyectos.

Por el contrario, me parece muy acertada la práctica norteamericana de entregar una placa que dice: «Thank you for your commitment» (Gracias por tu compromiso) a aquellas personas a las que se les desea homenajear y agradecer los servicios prestados. Es un signo de que se valora el compromiso, de que este factor se considera imprescindible para el éxito de una empresa. Reconocer la dedicación, el interés,

---

[34] Según datos del *Informe de la evolución de la familia en España* publicado en 2014 y elaborado por el Instituto de Política Familiar a partir de datos del Instituto Nacional de Estadística y de Eurostat. En España el dato es un 38,9 %.

[35] Tener un hijo es un proyecto a largo plazo compartido por dos personas. En su vertiente tradicional, un hombre y una mujer, padre y madre. Es decir, es un trabajo de un equipo complementario de, al menos, dieciocho años, hasta que la criatura sea mayor de edad.

la iniciativa y las aportaciones de una persona es una buena práctica. Deberíamos felicitar y agradecer en muchas más ocasiones de en las que lo hacemos.

Me parece incompleta la definición de compromiso como obligación contraída. El compromiso es algo más, es una voluntad, una promesa, una ilusión, una creencia fuerte de que se desea alcanzar un objetivo y se pondrán todos los medios a nuestro alcance para conseguirlo.

Al éxito de los Juegos Olímpicos de Barcelona 1992 contribuyó en gran medida un equipo humano muy comprometido, muy ilusionado. Hubo poquísimas bajas en el equipo, y eso que se veía venir la crisis posterior y la ida al paro, como así fue. Hubo compañeros que tardaron más de un año en recolocarse y otros volvieron a sus anteriores empresas, pese a que habían jurado que no lo harían. Y el teléfono, después de no haber parado de sonar, no sonó durante meses.

El problema de un *compromisofóbico* se encuentra en una concepción errónea del concepto de libertad, tal como explica el filósofo y sacerdote católico Joan Martínez Porcell, exdecano de la facultad eclesiástica de Filosofía de Catalunya[36], quien explica que se ha propagado la tendencia de que «somos más libres cuantas menos cosas decidimos. Así, parece que ser libre equivale a no estar comprometido con nada ni con nadie». Se rompe, como ya hemos comentado, el binomio libertad-responsabilidad. Somos libres de verdad cuando somos capaces de asumir las consecuencias de los actos que elegimos.

---

[36] www.joanmp.es

Las personas que padecen el síndrome de Peter Pan, adolescentes permanentes, son el *top ten* entre los *compromisofóbicos*.

La compromisofobia no solo es una actitud errónea; es, sobre todo, un generador de pobreza. Sin compromiso no se puede construir un proyecto a medio o a largo plazo; de facto, ni a corto plazo.

10. Conformismo

*Virgencita, virgencita,
que me quede como esté.*

«Virgencita, virgencita, que me quede como esté» es una frase que se oye demasiadas veces. Además, desde mi muy humilde punto de vista, hasta podría ser una aberración teológica. Lo que de verdad procede es lo que recomienda san Agustín: «Reza como si todo dependiera de Dios y trabaja como si todo dependiera de ti»; así sí que hay posibilidades de salir adelante. Otra versión de la misma positiva recomendación es «A Dios rogando y con el mazo dando». Conformarse con la situación que se tiene es retroceder. Estoy muy satisfecho con el coche que tengo, perfecto, pero seguro que nadie piensa que no va a cambiarlo nunca.

Se aspira a buscar una seguridad y una estabilidad, que, en la práctica, ni existen ni nadie ni nada puede facilitárnoslas. Eso no significa que no haya que ser prudente y guardar grano cuando hay una buena cosecha. No significa que haya que ser imprudente o un descerebrado, pero sí que hay que ser muy consciente de que el futuro hay que trabajárselo día a día; seguro habrá imprevistos, imperfecciones, dudas, decepciones, pero que no por ello debemos renunciar a actuar.

La falta de rebeldía, de estrés positivo, de inconformismo, es un desastre en sí misma. Como dice Martínez Porcell, estamos inacabados y, por tanto, tenemos la oportunidad de construirnos. ¿Por qué nos conformamos? ¡Cuántas personas piensan que hay que conformarse con todo! Por supuesto que hay que valorar más lo que se tiene que lo que no se tiene, lo bueno que lo malo, y aceptar lo que no se puede cambiar, pero sin valor para actuar, para cambiar lo que sí se debe modificar, cada vez iremos a peor.

No puede ser un *peix bullit* (pescado hervido), gráfica expresión catalana para identificar a las personas anodinas, pasivas, amorfas. Es decir, que no se puede ir por la vida sin sabor como ese pescado que se come cuando se tienen problemas intestinales.

La llamada al inconformismo y a la rebeldía no significa promover la ruptura o la revolución sangrienta, sino que es una llamada a aceptar la realidad, a acabar lo inacabado y a mejorar lo imperfecto, aun conocedores de que la perfección es inalcanzable y el perfeccionismo una locura. Pero la mejora sí que está a nuestro alcance. Y lo mejor de todo es que, como no tiene límite, nunca va a terminar. Evolución continua frente a revolución.

Sin duda, la oración de la serenidad es maravillosa y muy realista. Como no he conseguido averiguar con certeza su origen (san Agustín o san Francisco de Asís; o quizá inspirada en el sabio emperador romano Marco Aurelio o en el pastor evangélico Reinhold Niebuhr), no me atrevo a adjudicársela a nadie:

> *Señor, dame la serenidad de aceptar las cosas que no puedo cambiar, valor para cambiar las cosas que puedo y sabiduría para distinguir las unas de las otras.*

11. El *gap* de la comunicación

> *Un gap es un espacio vacío, una gran distancia entre dos personas.*

> *Llámale,*
> *mejor videollámale.*

La comunicación humana es muy complicada. Muchas veces decimos A cuando en realidad queremos decir B y además nuestro interlocutor entiende C[37]. La comunicación humana se ve influida por multitud de factores, desde culturales e idiomáticos hasta psicológicos y biológicos.

Adaptar el mensaje

Comparándolo con las telecomunicaciones, podemos decir que para que un receptor entienda el mensaje de un emisor, los dos deben estar en sintonía, es decir, emitir y recibir en la misma frecuencia. No podemos mandar un mensaje por un canal distinto del que sintoniza el receptor porque no lo recibirá. El emisor debe adaptar su mensaje al receptor.

Un ejemplo típico es cuando un técnico presenta una idea, un proyecto o un concepto a otras personas que

---

[37] Interesante, entretenido e incluso divertido, el libro de John Gray *Los hombres son de Marte, las mujeres son de Venus* en el que aborda las dificultades de comunicación entre hombres y mujeres.

carecen de formación técnica adecuada o desconocen la terminología que se está utilizando. Son obvias las dificultades de comunicación entre los departamentos de tecnologías de la información y las comunicaciones (TIC) y el resto de los departamentos de la organización, entre ellos, la alta dirección. Para que las propuestas de un departamento o de un técnico sean bien acogidas por sus compañeros, son ellos, los expertos, quienes deben mejorar su comunicación, no pueden esperar que el director general aprenda ciertos conceptos (al final buscan consejo en su hijo adolescente).

Mi amigo y colega John Purnell III[38], para evitar usar términos técnicos en sus conferencias, utiliza el siguiente truco: al iniciar su exposición deposita un montoncito de billetes de diez dólares encima de la mesa y le regala uno a cada asistente que le cace pronunciando un mnemónico tipo VLAN, MPLS, IP, UC2, SIP, u otros, en vez de explicar el concepto. A John cada conferencia le cuesta unos cuantos dólares; a cambio, consigue que los asistentes no se distraigan ni un instante.

Por tanto, hay que construir muy bien cada mensaje que quiera comunicarse, debe ser acorde con el objetivo que se busca y adaptado a quienes serán, en cada caso en concreto, los receptores.

Canales de persuasión

Los neurolingüistas nos enseñan que el ser humano dispone de tres canales de persuasión: el auditivo, el

---

[38] www.inspireddatasolutions.com

visual y el kinestésico (contacto) y señalan que de ellos el más importante es el visual. El neurolingüista brasileño Lair Ribeiro lo expresa gráficamente asignándoles un porcentaje a cada uno de estos canales; el 12 % al kinestésico, el 35 % al auditivo y un abrumador 53 % al visual.

Ancho de banda y calidad de la comunicación

En las comunicaciones electrónicas, existe una relación directa entre el ancho de banda y la calidad de la comunicación. El ancho de banda mide la capacidad de transmisión, cuánta información podemos transmitir en un instante dado; es equivalente al diámetro de la tubería, cuanto más grande es más caudal de líquido conduce. Así, un mensaje de texto, por móvil (SMS), un correo electrónico o en un chat es una comunicación de banda estrecha; es decir, con un tubito le basta. Por el contrario, una reunión en telepresencia, con video a tamaño natural, es una comunicación de banda ancha y necesita muchísima más capacidad.

Peligros del correo electrónico

Las comunicaciones de banda estrecha (mensajes de móvil SMS, chats, mensajería instantánea y correo electrónico) son intrínsecamente pobres, ya que contienen muy poca información y suelen utilizar un lenguaje de signos desconocido para mucha gente, un argot propio de la generación digital, en definitiva, son muy propensas a malentendidos.

El correo electrónico es muy peligroso y se utiliza muy mal. Los principales problemas son:
- Están mal redactados. Redactar correctamente no es fácil, requiere tiempo y hay que releer lo que se ha escrito. Nunca hay que olvidar que, como dijo Poncio Pilato, «lo escrito, escrito está».
- Se envían a demasiadas personas, muchas de las cuales no están directamente afectadas por el asunto y, a menudo, no tienen tiempo de leer todos los correos que les llegan.
- Es demasiado fácil reenviar un correo y no se puede controlar dónde termina. Muchos acaban donde no deberían llegar.
- Se reenvían comunicaciones internas a personas externas, a veces con comentarios inapropiados.

Mi colaborador Luis Pernas, un observador hábil, me hizo notar un día cómo el efecto *broadcast*, o distribución masiva de *mail*, con copia a superiores era un factor generador de retrasos (procrastinador) y una herramienta muy útil para los *compromisofóbicos*. «Como ya he informado al jefe, que se moje él». Las decisiones se toman en niveles cada vez más altos de la organización: como mantener informado al jefe es tan fácil, todo va para arriba. Así, los mandos se saturan y se construye un círculo vicioso. A la ya de por sí difícil tarea de delegar se le suma la facilidad de los colaboradores de quitarse el problema de encima pasándolo al nivel superior. De esa manera se crean muchas capas intermedias ineficaces que hacen de correa de transmisión, sin capacidad de decidir, ni ganas de hacerlo, y que no mejoran en nada la organización.

En el ejército existe el denominado «conducto reglamentario», que consiste en que se dan novedades al inmediato superior y no se puede saltar un nivel e informar a otros que estén por encima. Cuando estuve en el ejército del aire, durante dieciocho meses, no me gustaba esta manera de actuar, pero con el tiempo he llegado a la conclusión de que no estaba tan mal pensado. Saltarse el conducto reglamentario debería ser una excepción, no la regla para desbloquear asuntos.

Llamar por teléfono

Se está abusando del correo electrónico y la mensajería instantánea. La gente se protege detrás de una pantalla y de un teclado. ¡Qué pena!

Reivindico la llamada telefónica, en franco declive. Cada vez se llama menos y se olvida que en una conversación telefónica se transmite mucha más información que en un correo, puesto que la entonación, la modulación de la voz y la interacción directa aportan una gran riqueza de matices. Tan importante o más que lo que se dice es cómo se dice.

Por el contrario, no aconsejo que se abuse de la audioconferencia (*call conference*, en inglés). Las reuniones por teléfono con varios participantes son un desastre. Además, si en una sala hay varias personas y utilizan un teléfono manos libres, no hay quien entienda con claridad lo que se dice, como no se ve a los interlocutores, varios de los asistentes aprovechan para dedicarse a otros asuntos. En algún caso la participación de una persona solo es detectada porque está en la lista de asistentes del acta. Habría que suprimir ya y por siempre jamás las audioconferencias[39] y sustituirlas por videoconferencias.

Los que trabajan en televisión saben muy bien que los seres humanos somos tolerantes con la escasa calidad del video pero no lo somos nada con la falta de calidad del audio.

Videollamadas

Mejor que llamar por teléfono es efectuar una videoconferencia. Ver el rostro del interlocutor aporta un factor diferencial: ¡cuánta información se plasma en el

> La cara es el espejo del alma.

rostro, espejo del alma! Por teléfono es más fácil mentir (y ya no digamos en un chat). ¿Por qué entonces nos empeñamos en renunciar a ella? Y eso a pesar de que ya John Chambers, presidente de Cisco Systems, dijo hace unos años en su conferencia en el Mobile World Congress de Barcelona que «el mundo marcha hacia la comunicación visual». La realidad es que marcha mucho más despacio de lo que parece. La gente tiene pudor a que le vean la cara en una videoconferencia. Solo conozco una empresa que ha implantado un videocentro de atención a clientes; Bankinter, un banco tradicional que, de verdad, apostó por las nuevas tecnologías y sigue siendo pionero en ese campo.

---

[39] Sucede lo que se ve en este video: youtu.be/DYu_bGbZiiQ

Qué canal de comunicación utilizar

Mi colega Phil Edholm[40] ha estudiado cuál es el canal más adecuado en cada momento de una relación empresarial. Tuve la oportunidad de asistir a su presentación «Conceptos para el futuro de la colaboración en tiempo real» en el congreso de la Society of Communications Technology Consultants[41], en Orlando, en octubre de 2011, y considero muy enriquecedor analizar algunas de las ideas que presentó. Edholm distingue varios canales y los clasifica en función de la riqueza de la interacción; ordenados de mayor (1) a menor (8) son:
1. Encuentro cara a cara.
2. Videoconferencia con herramientas de colaboración que permiten compartir documentos y pizarra en tiempo real.
3. Videoconferencia.
4. Telefonía con herramientas de colaboración.
5. Telefonía.
6. Mensajería instantánea (chat).
7. Correo electrónico.
8. Mensaje de voz.

En esa gradación traza dos líneas, que separan los canales visuales (1 al 3), los canales en tiempo real (1 al 6) y los canales asíncronos (7 y 8).

En función del grado de familiaridad o de conocimientos entre los interlocutores y su cultura (no es lo mismo Occidente que Oriente), considera aceptable o

---

[40] www.pkeconsulting.com
[41] www.sctcconsultants.org

inaceptable el uso de un determinado canal. Por otra parte, recomienda canales adecuados para efectuar un proceso de venta o consolidación de una relación y canales adecuados para el desarrollo de un proyecto. Es curioso como durante un proceso de venta desaconseja completamente el correo electrónico.

Obtener y retener la atención del receptor

Por otra parte, Edholm introduce en sus análisis otro concepto interesante, el de *attention management*, que alude a cómo conseguir que los interlocutores atiendan a lo que el emisor está transmitiendo. En una reunión, y aún más en una presentación, es muy difícil que los asistentes no se distraigan. Hay demasiadas tentaciones, el móvil no para de recibir mensajes y muchas personas sienten la angustia de leerlos y contestarlos de inmediato. La gestión de la atención en cualquier tipo de comunicación es un arte. No solo hay que seleccionar el canal adecuado y construir el contenido del mensaje para conseguir retener la atención; sobre todo hay que impactar, convencer, seducir.

Recuerdo que la primera vez que efectué una presentación en un congreso en Estados Unidos, mi mentor, Henry Baird, me sugirió que colocara la transparencia que reservaba para el final, como resumen y conclusión, al principio de mi exposición. Me hizo ver que lo

> Solo hay una oportunidad para causar una buena primera impresión.

primero que se dice es lo más importante: hay que llamar la atención, causar una buena primera impresión y luego mantener el ritmo. Solo existe una única oportunidad para causar una buena primera impresión.

La importancia de la comunicación

Comunicar bien es esencial para el éxito de cualquier empresa. Es un reto muy difícil, que nunca se vence de manera completa porque siempre hay que procurar mejorar la comunicación. Para eso hay que practicar; como casi todo, se aprende a base de horas y de repetición. En España no se enseña a comunicar, a debatir, a argumentar y, por tanto, es una carencia formativa que hay que superar. Hay que leer libros sobre ese tema o participar en seminarios. Debemos completar la formación que hemos recibido, no usar sus carencias como excusa. Si no pudimos o no quisimos estudiar en su momento, todavía estamos a tiempo.

> La clave de una buena comunicación es la empatía.

El aspecto clave para una buena comunicación es la capacidad de empatizar, es decir, de ponerse en el lugar del otro. Si sabemos qué le preocupa, dónde le duele, qué lo motiva y qué objetivos tiene, podremos adecuar nuestro mensaje al interlocutor.

Si bien este libro no trata de la comunicación, ver que es una de las grandes carencias, sobre todo en personas de alta cualificación técnica, hace que sea

conveniente hablar de ello. Como resumen, aquí hay algunos consejos para mejorar la comunicación:
1. Leer libros; ayuda a mejorar la riqueza de vocabulario y las construcciones gramaticales. Leyendo se aprende a redactar.
2. Elegir el canal adecuado para cada comunicación, priorizar las llamadas de teléfono sobre el correo electrónico, y la videollamada sobre la llamada de solo voz. Usar el máximo ancho de banda disponible.
3. En la medida de lo posible, mantener reuniones personales, uno a uno.
4. Establecer una relación personal requiere tiempo. Para eso hay que dedicar tiempo a estar con otras personas, principalmente uno a uno o en pequeños grupos. Comidas, desayunos, cafés, cervezas o viajes son oportunidades que, sin duda, ayudan a consolidar una relación. El roce hace el cariño.
5. Dar la cara, expongamos nuestros puntos de vista en las reuniones, no nos callemos. Preparémonos bien las intervenciones.
6. El correo electrónico no debe usarse para cambiar de opinión o para exponer lo que se ha sido incapaz de proponer o defender en una reunión presencial.
7. Ciertas noticias hay que digerirlas. Hay que comunicarlas, en la medida de lo posible, poco a poco. Si se cae un avión y no hay supervivientes, alguien tiene que dar la noticia en toda su crudeza; pero si se trata de una enfermedad terminal, se puede preparar de manera paulatina a la familia. Lo mismo ocurre en una empresa.

No se deben dar malas noticias por correo electrónico.
8. Usar el idioma y el canal de nuestro interlocutor, él debe sentirse cómodo, no nosotros. El esfuerzo deber hacerlo el emisor, no el receptor del mensaje.
9. Adaptar nuestro lenguaje a la capacidad de comprensión de nuestros interlocutores.
10. Utilizar ejemplos e historias comprensibles para reforzar el mensaje. El mejor comunicador de la historia es Jesús de Nazaret, hablaba con parábolas.

Parte III

ESTRATEGIAS Y HERRAMIENTAS

12. Qué tipo de herramientas tenemos

Nunca la humanidad había tenido a su disposición tantas herramientas.

Con este capítulo introducimos el tercer bloque del libro. En el primero hemos apuntado el entorno en el que nos movemos, en el segundo se han comentado algunas de las barreras y obstáculos que encontramos, ahora nos preguntamos: ¿qué podemos hacer y con qué recursos contamos?

Dudo de si mi exposición hasta este punto ha pecado de pesimista. No es esa la intención, ni mucho menos, pero no podemos eludir la situación en que vivimos y el entorno que nos rodea. Parte del mundo occidental está inmerso en una profunda crisis, económica, institucional y de aparente deconstrucción del llamado «Estado del bienestar» que, en mi opinión, no lo era; había degenerado peligrosamente hacia un «Estado del vegetar». En cualquier caso, nos hemos centrado en construir una zona de confort que es irreal. El bienestar no consiste en tenerlo todo solucionado e ir tirando. El verdadero bienestar consiste en estar satisfecho con uno mismo. Para estar satisfecho con uno mismo hay que aportar, hay que

> El verdadero bienestar consiste en estar satisfecho con uno mismo.

ayudar a los demás. John Fitzgerald Kennedy tenía toda la razón cuando dijo: «Piensa en lo que tú puedes hacer por tu país no en lo que tu país, puede hacer por ti». Esa idea es igualmente válida si se aplica a la familia, la ciudad, la comunidad, la región o la humanidad.

Por eso la verdadera crisis, la más preocupante, es la crisis de valores y de actitudes.

> «Piensa en lo que tú puedes hacer por tu país, no en lo que tu país puede hacer por ti».
> *JKF*

El cambio es a mejor

Es indiscutible que están cambiando muchas cosas y muy deprisa, pero ello no implica que vaya a desaparecer el planeta. La evolución no se detendrá, aunque con altibajos, es indiscutible que nos encaminamos a un mundo mejor que el actual.

La humanidad ha vivido y superado situaciones muchísimo más graves que la presente. Hace apenas unas décadas con la Segunda Guerra Mundial, el nazismo y el comunismo y la subsiguiente Guerra Fría estábamos mucho peor. Con la Crisis de los misiles de Cuba casi nos autodestruimos.

Renovación

Cuando una sociedad, una empresa o una persona entran en decadencia es porque han perdido sus valores.

La solución es simple: consiste en renovarse, manteniendo lo bueno y quitando lo malo, todo ello antes de que el deterioro sea irreversible. Los procesos de renovación son un signo inequívoco de los tiempos que nos toca vivir. Por ejemplo, una institución con más de dos mil años de historia como la Iglesia Católica afronta una profunda renovación bajo el liderazgo carismático del papa Francisco. Su predecesor, Benedicto XVI, en un acto inédito, renuncia a su cargo para lanzar con contundencia el movimiento renovador.

La buena noticia

La buena noticia es que disponemos de muchas y muy buenas herramientas para renovarnos y avanzar, las mejores que la humanidad ha tenido nunca. Renovarse esta en boga.

Disfrutamos de la mejor tecnología, de una gran capacidad organizativa y de unos potentes fundamentos filosóficos, desarrollados a lo largo de siglos, sabiduría de todos los tiempos.

En esta tercera parte del libro reflexionaremos sobre distintos aspectos de esos tres conjuntos de herramientas. Empezaremos por la base, por los cimientos, comentaremos primero los aspectos filosóficos, continuaremos por los organizativos y finalizaremos con las herramientas tecnológicas; así, iremos de más a menos, de lo más complicado de implantar en la vida personal o en una organización a lo más fácil.

A pesar de mi formación y profesión de ingeniero, creo que instalar una nueva tecnología en una organización es relativamente fácil; lo realmente complicado es el factor humano y, por tanto, hay que abordarlo primero: antes de nada, lo que aporte más valor, aunque sea lo más difícil.

Filosofía

Hablar de filosofía no está de moda. Estudiarla tampoco, cada vez tiene un papel más marginal en los planes de estudio, lo cual es un error garrafal que solo puede entenderse por el deseo inconfesable de los gobernantes de tener siervos y promover la obediencia ciega, en vez de educar ciudadanos capaces de crecer y desarrollarse. Sin filosofía no hay democracia; ambos conceptos se desarrollaron en la Grecia antigua. La filosofía enseña a pensar y esto es lo más importante que debemos enseñar a nuestros hijos y a nuestros equipos.

Me gusta definir la filosofía como un conjunto de saberes que buscan establecer de manera racional los principios más generales que organizan y orientan tanto el conocimiento de la realidad como el sentido del obrar humano. La filosofía, al igual, que la psicología, la sociología, la lógica y ciencias afines, nos ayudan a conocernos a nosotros mismos Con esa definición en mente he agrupado una serie de herramientas básicas: son las raíces. Juan Pablo II, además de papa, era filósofo de la escuela fenomenológica (que ya hemos citado anteriormente); defendió reiteradamente que no se puede vivir sin raíces. En una empresa sus raíces son su misión y su cultura empresarial.

Los conceptos «filosóficos» que desarrollaremos en los próximos capítulos son:

- Actitudes y aptitudes (capítulo 13).
- Ilusión (capítulo 14).
- Proactividad e influencia (capítulo 15).
- *Hacer* decisiones (capítulo 16).

Organización

Por otra parte, a partir de unos principios filosóficos, los seres humanos podemos organizarnos, podemos diseñar metodologías, procedimientos, prácticas y reglas de juego que nos ayuden a superar o evitar nuestras limitaciones y nos permitan obtener los recursos que necesitamos para subsistir y para mejorar el bienestar material y espiritual.

En el grupo de herramientas organizativas, bajo una clara influencia anglosajona, hablaremos de buenas prácticas y lecciones aprendidas (*best practices and lessons learned*), que facilitan que los proyectos innovadores se desarrollen adecuadamente y que al final se consigan los resultados esperados. También se comentan malas prácticas y se avisa sobre los riesgos que generan.

Organizarse bien es aplicar sentido común —como tantas cosas en la vida—; conocer bien la naturaleza humana, protegernos frente a sus defectos y limitaciones, a la vez que dejamos un amplio margen de actuación, con un grado preciso de confianza en el equipo. Ni desconfiar de todo ni despreocuparnos. Equilibrio entre supervisión y autonomía.

Los aspectos que hemos catalogado de organizativos son los siguientes:
- El taburete (capítulo 17).

- Soporte externo (capítulo 18).
- El departamento de análisis y estrategia (capítulo 19).
- Vender innovación (capítulo 20).
- Negociación (capítulo 21).
- Formación y autoformación (capítulo 22).
- Gestión de reuniones (capítulo 23).
- Desarrollo de proyectos (capítulo 24).
- Gestión de crisis (capítulo 25).
- El liderazgo en los procesos de innovación (capítulo 26).

Tecnología

Los humanos también tenemos una gran capacidad para desarrollar soluciones tecnológicas, para conseguir, a partir de nuestro conocimiento científico, aplicaciones prácticas del mismo, que utilizamos en la industria, en los negocios y en nuestra vida diaria.

La tecnología es una herramienta poderosa y un factor diferencial, como se ha demostrado al comentar la historia de la brigada Pomorska. Las guerras casi siempre las han ganado quienes tenían la mejor tecnología. No se puede operar con tecnologías obsoletas, o enquistarse en ellas, ya que nos abocan al fracaso. Si nuestros competidores tienen una mejor tecnología, sus productos serán más competitivos que los nuestros. Aunque la tecnología no debe ser un fin en sí misma, no conviene nunca menospreciar su vital importancia.

Como especialista en tecnologías de la comunicación, en el capítulo 26 comentaré (brevemente, porque este no es un tratado sobre este asunto) cuáles son las últimas herramientas disponibles y su papel como motor de cambio.

Las redes de comunicaciones son el sistema nervioso del país y de las organizaciones; si no funcionan bien, estas padecen Parkinson.

13. Actitudes y aptitudes

> *Puedes elegir la actitud*
> *con la que enfrentarte*
> *a las dificultades de la vida.*
> Viktor Frankl

La actitud es una elección personal. Cada uno elige con cuál se enfrenta a la vida. Viktor Frankl lo explica muy bien: aunque uno se encuentre en un campo de concentración, obviamente en contra de su voluntad, lo que pasa por su mente, su libertad interior y su actitud, no puede controlarlo nadie. Cuánta gente ha estado prisionera en condiciones inhumanas y no ha cambiado de valores. Sobreviven los mentalmente más fuertes. La experiencia de Frankl en Auschwitz y Dachau y sus estudios demuestran la supremacía de la mente y de la vida interior de cada uno sobre las circunstancias externas y el estado físico del propio cuerpo. Frankl cuenta que observó que las personas elegidas cada mañana por los guardas nazis para ir a las cámaras de gas eran aquellas que ya se habían rendido. Cuando alguien dejaba de luchar interiormente, no sobrevivía, y el verdugo lo captaba y lo ejecutaba, porque ya no les era útil.

Por analogía, sobrevivirán a las crisis, o las superarán mejor, las empresas con más fuerza mental, con un equipo más cohesionado y con una actitud más innovadora, más proactiva, más constructiva. No pueden mantenerse ni se mantendrán aquellas que tengan una injusta posición de dominio, las que se crean que pueden ser ineficientes gracias a su situación de privilegio o a una regulación sobreprotectora. Quienes tienen una cultura más fuerte, más proactiva y más resiliente, salen adelante.

Frankl relata que a sus pacientes les preguntaba por qué no se suicidaban. Podemos, por tanto, preguntarnos: ¿por qué voy a trabajar?, ¿por qué va a trabajar nuestro equipo?, ¿por qué me he levantado de la cama esta mañana?

No hay que olvidar nunca que las aptitudes y los conocimientos se pueden aprender o adquirir, encontrar; es decir, comprarlos a un proveedor externo a la organización, pero la actitud no se vende. Como mucho podremos solicitar ayuda a consultores o entrenadores (*coach*), pero si una persona no toma la decisión y elige la actitud adecuada no hay nada que hacer, no se le puede imponer.

> La actitud no puede comprarse.

Recordemos que Kennedy, para anunciar el proyecto de ir a la Luna, usó el verbo *elegir* y no dijo que fueran a intentarlo ni preguntó qué le parecía a la gente jugar a ser astronautas. Hizo una afirmación, una muestra de voluntad, y comunicó una determinación. Tomó una decisión y hasta allá llegamos[42]. Nada de *yes we can*, sino *yes we want to*.

Que la vida es difícil es una obviedad y pasarnos horas pensando por qué lo es y por qué no puede ser más fácil no tiene sentido; es perder el tiempo. Lo

---

[42] El *Apolo XI* alunizó en la Luna el 20 de julio de 1969. «Elegimos ir a la Luna, no porque sea fácil, sino porque es difícil».

que sí tiene sentido es admitir la realidad y averiguar cómo podemos cambiar o mejorar lo que no nos gusta. Quien escribió el Génesis, hace miles de años, ya lo sabía. En ese libro se nos recuerda que estamos aquí para «dominar la tierra»[43].

Falta ambición. Sana ambición. No hablamos del deseo ardiente de conseguir poder, dignidades, riquezas o fama[44], sino de proyectos a gran escala que para desarrollarse con éxito requieren mucho trabajo y esfuerzo. La ambición no debe confundirse con la codicia. Por tanto, ni es malo ser ambicioso ni es pecado; al contrario, es ineludible fijarse objetivos ambiciosos, son imprescindibles para prosperar. No es malo querer ir a la Luna. Llegamos a la Luna porque alguien escogió ir a la Luna siendo consciente de que se enfrentaba a un gran reto y que podía ser un fracaso. Para llegar allí fue preciso desarrollar nuevas aptitudes y conocimientos, y afrontar problemas desconocidos.

Generalmente, si los objetivos son suficientemente ambiciosos nunca se alcanzan y así se nos presenta la oportunidad de volver a intentarlo, de entrar en el círculo virtuoso de la mejora continua. Si se alcanzan los objetivos demasiado rápido es probable que no se merezcan el calificativo de ambiciosos. Se puede establecer una analogía con el estrés según el concepto que maneja Mario Alonso Puig en su libro *Vivir es una necesidad urgente*: hay un estrés positivo (eustrés) y

---

[43] Génesis 1, 28.

[44] http://lema.rae.es/drae/?val=ambición. El diccionario de la RAE solo indica la primera definición, mientras que el diccionario Collins (de inglés) contempla las dos.

otro negativo (distrés), y sin el primero no es posible sobrevivir. Pues, también hay una ambición positiva y una negativa; y sin ambición, sin deseo de prosperar, sin innovación, nuestras empresas no sobrevivirán. Igual que hay que evitar el estrés negativo y potenciar el positivo, hay que alentar la ambición sana y hay que premiar a quien la aplica, al innovador, al emprendedor, al empresario. Es triste que los empresarios[45] en la sociedad española tengan tan mala fama y, si bien algunos se la merecen, son una abrumadora mayoría los que se dejan la piel y el dinero, contra viento y marea, especialmente los pequeños y medianos.

Crear en una organización la aptitud correcta es sin duda una tarea de quienes la lideran, pero sin olvidar que todas las personas tenemos capacidad de influir. Para influir hay que comunicar nuestras propuestas, nuestras ideas y nuestros puntos de vista: cuanto más razonados y lógicos sean más fuerza tendrán. La verdad es una fuerza muy poderosa[46]. Estándose callado no se influye. Las empresas deberían establecer los canales de comunicación adecuados para que cualquier miembro de la organización pueda transmitir sus conocimientos y propuestas al resto. Hay que disponer tanto de canales de comunicación verticales como de horizontales. En ese marco se puede definir al líder

---

[45] Llamar empresarios a los altos ejecutivos es una desviación del término e incluso podría constituir una falta de respeto para los empresarios de verdad. Un empresario es el que se juega su dinero, no el que administra el de los demás; no es que haya que quitarle méritos a este tipo de profesionales, pero no hay que confundirlos.

[46] Que la verdad se impone al mal es una idea recurrente en el pensamiento de Karol Wojtyla (Juan Pablo II).

como aquella persona que induce a otras a que elijan la actitud adecuada.

En la vida puede sucedernos de todo y muchas cosas están fuera de nuestro control. Lo único que está claro es que siempre dispondremos de la fuerza interior asentada sobre nuestros valores para afrontar lo que nos suceda. Pase lo que pase lo único que de verdad se tiene es lo que hay en la mente de cada uno, fuerza de voluntad y conocimientos. Para mantenerlo hay que practicarlo, hacer gimnasia mental, porque si no se hace se pierde, como ocurre con la forma física.

Lo más peligroso contra la actitud positiva es nuestra propia conversación interior, lo que hablamos con nosotros mismos. Si nos decimos que no podemos, no podremos. Si en nuestro equipo o en nuestra organización se respira, se siente, se vibra negatividad, es difícil salir adelante y, más aún, desarrollar una innovación. No obstante, hay que tener claro que transmitir valores no tiene nada que ver con vender el cuento de la lechera o engañar al personal con falsas promesas.

> Líder es quien inspira a otras personas a elegir la actitud adecuada.

14. Ilusión

*¿Por qué te has levantado
esta mañana de la cama?*

Esta mañana podríamos haber optado por quedarnos en la cama, ¿por qué no lo hemos hecho? ¿Porque no nos ha quedado otro remedio o porque estamos ilusionados por algo y queremos cambiar el mundo?

Cada mañana cuando nos levantamos podemos elegir entre dos opciones y solo dos: hoy puede ser un gran día o esto es un desastre y este mundo no tiene sentido. Cada día podemos optar por querer mejorar, aportar, construir, aprender y ayudar, o bien elegir destruir, vegetar, pulular, quejarnos, autodestruirnos y destruir.

Sí, así es y esta decisión se toma consciente o inconscientemente todos los días de la vida y la toman todas las personas, aunque la mayoría de ellas lo desconoce. Cada persona elige si la vida tiene sentido o no. Los nihilistas consideran que no lo tiene y hay muchos hoy en día. Sartre, que era un señor muy listo, llegó a esa conclusión: esto es absurdo. Por lo menos, pensó y llegó a una conclusión. Ahora bien, sin duda, están tremendamente equivocados: sí tiene sentido. Suelen alegar que el mundo está lleno de desgracias. Y eso es cierto, sin duda, pero cada uno de nosotros, individualmente o cooperando, podemos acrecentarlas, minimizarlas o evitarlas; incluso podemos construir cosas buenas. Las tragedias y las desgracias solo son una parte de la realidad; la otra es un mundo lleno de luz, de posibilidades de crecimiento, de creación de riqueza, de asumir retos, de ayudar a los demás. Se puede ver la alfombra del revés o del derecho. Si se le da la vuelta a una preciosa alfombra persa solo hay nudos y caos, no hay forma de imaginar la belleza que hay al otro lado.

Podemos elegir convertirnos en un constructor, en participar activamente de la creación, en disfrutar de nuestro trabajo y de nuestro esfuerzo, o bien podemos optar por ser *destroyers* y amargados. Elijamos cada mañana el misterio de la vida sin intentar entenderlo todo. ¿Por qué se calla Dios ante tanto mal? Sobre el silencio de Dios, ni Benedicto XVI sabe responder a ello[47]. Nadie lo sabe. Pero sí sabemos que se pueden hacer cada día muchas cosas positivas. Algunas muy sencillas, pero a la vez difíciles, como saludar amablemente a las personas con las que nos cruzamos, aunque algunas sean un poco pesadas o incluso intratables. Tiene sentido ayudar a los demás, tiene sentido hacer la vida más fácil a nuestro prójimo. Tiene sentido crear riqueza, tiene sentido compartirla. Tiene sentido sonreír. No tiene sentido ver solo la parte mala de las cosas.

Insisto en que hay que leer el libro de Viktor Frankl *El hombre en busca de sentido*; ¡cuánta sabiduría en pocas páginas! Es tremenda la influencia positiva de este hombre, que aprendió lo que explica en circunstancias terribles, en los campos de exterminio nazis. Nunca hay que desanimarse, porque todo tiene sen-

---

[47] www.vatican.va/holy_father/benedict_xvi/speeches/2006/may/documents/hf_ben-xvi_spe_20060528_auschwitz-birkenau_sp.html

tido. Nunca hay que tirar la toalla. Bien pensado, no hay otra opción. Aceptar el misterio de la vida y mirar lo maravillosa que es. Si no estamos ilusionados no haremos nada, empezando porque no transmitiremos ilusión a nuestro prójimo. No se puede compartir lo que no se tiene.

Estar ilusionado es tener esperanza en un futuro mejor, esperanza en alcanzar algo especialmente atractivo. La ilusión de la que aquí hablamos no tiene nada que ver con ser un iluso o con ser un iluminado. Como dice el papa Francisco: «No soy un iluminado»[48], pero sí que hay que estar un poco loco y ser un tanto inconformista; como decía Steve Jobs: «Aquellos que están lo suficientemente locos para pensar que pueden cambiar al mundo son los que realmente lo hacen».

> Somos animales racionales, no vegetales.

Los seres humanos necesitamos retos e ilusiones, necesitamos llenar nuestra vida de sentido y todas nuestras organizaciones también. Somos animales racionales, no vegetales. Un animal racional no puede sentirse realizado comportándose como un vegetal. Comportémonos como seres humanos, usemos nuestro cerebro, pensemos. La pereza siempre es mental. No usar el cerebro es lo peor que se puede hacer. Pero tampoco hay que caer en el racionalismo ni en el perfeccionismo; también es necesario aceptar el misterio y nuestras limitaciones. Hay que apren-

---

[48] Entrevista de Henrique Cymerman. *La Vanguardia*, 13/6/2014.

der a gestionar la imperfección, la nuestra y las de los demás[49].

Unos siembran y otros recogen[50]. Muchas veces no se ve el fruto de nuestro trabajo, pero ahí está, porque si nadie siembra, nadie come. La aportación de todos es importante aunque no se vea, aunque el que la hace no recoja personalmente los frutos. Pero si no se siembra, ni uno mismo ni nadie recogerá fruto alguno. No hay que centrarse en lo más inmediato, sino que hay que mirar a medio y a largo plazo. La vida en el planeta no se acabará con nosotros.

Importa lo que hacemos en cada instante, porque todo suma o resta; nunca es intrascendente, no hay suma cero. Por eso hay que buscar la lógica y el sentido de nuestros actos. Preguntémonos de vez en cuando «¿por qué estoy haciendo esto? ¿Qué sentido tiene?». Porque todo tiene que tener un sentido, todo trasciende; a veces no lo vemos o no lo entendemos, pero si reflexionamos veremos que es así. Sí, nuestros actos, nuestros proyectos, deben de tener un fin, un objetivo, un por qué, y este debe ser positivo. Si participamos del poder creador de Dios, aportando, nos sentiremos mejor y construiremos una organización más eficiente, una ciudad más humana, una región y un país más próspero, en definitiva un mundo mejor.

Muchas empresas norteamericanas tienen una misión y lo explican sin complejos. Por ejemplo, nuestra

---

[49] En este sentido son interesantes los libros de Gabriel Ginebra: *Gestión de incompetentes*, Libros de Cabecera, 2010, y *El japonés que estrelló el tren para ganar tiempo*, Conecta, 2012, Premio Mejor Libro de Empresa.

[50] Juan 36-38.

misión es mejorar el mundo facilitando los mejores sistemas de comunicaciones. La primera vez que me lo dijo así un colega de una consultora americana, que la misión de su empresa es promover el uso y explicar las ventajas de las comunicaciones unificadas, me pareció que era un iluminado y un exagerado, pero después pensé que aquel hombre tenía claro su objetivo y a qué se dedicaba.

Me impactó mucho la presentación de mi colega Tim Lewis en Chicago en el año 2007. Lewis, afroamericano de Alabama, con una magnífica presencia física, entró en la sala de conferencias y la atravesó desde el fondo con una rosa roja en la mano. Al subir al estrado todo el mundo estaba impactado, esperando qué iba a contarnos. Entonces, metió la mano en el bolsillo de la americana, sacó un sobre con semillas de rosa y nos dio a escoger entre la rosa y las semillas, entre una flor preciosa, pero que se marchitaría a los pocos días y acabaría en el cubo de la basura, o semillas para plantar en nuestro jardín, que tendríamos que regar, esperar a que creciera el rosal y podarlo, pero que cada año nos daría unas cuantas flores. Escoger la rosa es optar por el beneficio inmediato, sin esfuerzo, pero efímero, un error. Ilusión por el largo plazo —el sobre de semillas— y tenacidad es la elección adecuada.

Cuando estemos cansados o desanimados, debemos descansar, oxigenarnos y volver a empezar.

15. Proactividad e influencia

> *Ser proactivo es quitar la mesa después de comer sin que mamá tenga que recordarlo una y otra vez.*

Ser proactivo es quitar la mesa después de comer sin que mamá tenga que recordarlo. Hay que coger el plato, tirar los restos a la basura, pasar un poco de agua y meter el plato en el lavavajillas; y repetir la operación con el vaso y los cubiertos. Después hay que recoger la jarra del agua, el pan y las servilletas. Es realmente sencillo y además es obvio que hay que hacerlo. Papá también puede recordarlo; para papá esa acción es ya ser un poco proactivo. Los padres tampoco son de los que se den mucha cuenta de que hay que recoger la mesa.

Ser proactivo es darse cuenta que hay que hacer una cosa y hacerla sin que nadie nos lo diga ni siquiera lo insinúe; sobre todo sin que nadie nos lo ordene. Es, sin duda, una gran virtud que Stephen Covey ha catalogado como el primer hábito de las personas altamente efectivas. Lo contrario de ser proactivo es ser reactivo, ir a remolque.

Ser proactivo es tener iniciativa. Pensar por uno mismo, sumar y no restar. Aportar, porque si no avanzas retrocedes. Pero no vale que tiren de uno, eso es hacer trampas; como mucho, que nos den un empujoncito.

Para ser proactivo no hace falta hacerse mayor ni ser autónomo ni ser rico o independiente. Es simplemente una cuestión de voluntad y, sobre todo, de práctica. Es muy fácil olvidarse de ser proactivo, como es muy fácil perder la forma física.

Una de las principales excusas para no ser proactivo es considerarse un mandado o una pobre subcontrata[51]. «Yo solo hago lo que me ordenan y, por tanto, no puedo decidir nada». Eso es un magnífico

> Todos podemos aportar e influir.

autoengaño para no abandonar la zona de confort. No solo se puede actuar motu proprio en muchos pequeños aspectos de la vida cotidiana, sino que incluso en las grandes organizaciones se puede tener una actitud proactiva y ser influyente. Es decir, se pueden proponer proactivamente una gran cantidad de mejoras o actuaciones. Solo hay que empezar proponiendo una acción o una modificación. Proponer es hacer partícipes a los demás de una idea positiva; tan sencillo como decir: «He observado esto, le he dado vueltas al tema y me parece que podríamos obtener una mejora o un beneficio si actuamos en un sentido determinado o modificamos este procedimiento o esta costumbre».

Todo el mundo puede aportar. En concreto, las personas que efectúan una tarea son las que mejor la conocen y más deberían opinar al respecto. Hay que animar a esas personas a que cuenten las dificultades a las que se enfrentan y comenten cómo las resolverían.

El buen líder debe promover la proactividad de su equipo. Es muy fácil hacerlo; basta con preguntar y

---

[51] Pobre no es la palabra que escribí la primera vez.

tener en cuenta la opinión y las propuestas del equipo. La mejor forma de preguntar es visitar los puestos de trabajo, pisar el terreno. Hay que pasear por la organización, por las oficinas y las fábricas, y estar en contacto con el equipo. No se puede conseguir proactividad y colaboración estando encerrado en un despacho, aislado. Hay que abrir el canal de comunicación y, para ello, hay que estar en contacto con la gente. Para que se produzca una colaboración, primero hay que haber establecido una comunicación, pero no hay comunicación sin contacto previo: contactar, comunicarse y colaborar.

> El buen líder debe promover la proactividad de su equipo preguntando.

Hay que premiar la proactividad, reconocerla y fomentarla. Todo el mundo puede aportar, puede influir, simplemente tiene que hablar, parece fácil pero no lo es. Como decía John F. Kennedy: «Un solo hombre puede cambiar el mundo, pero todo el mundo puede intentarlo». Mis hijos leen esa frase cada vez que abren la puerta de la nevera, acción que repiten constantemente, donde tenemos un imán que adquirimos cuando visitamos la biblioteca presidencial de Boston[52].

> Contactar, comunicarse y colaborar.

---

[52] www.jfklibrary.org

16. *Hacer* decisiones

*En inglés,
tomar una decisión
se dice* make a decision.

Para mí es un misterio insondable cómo se toman las decisiones; para ser más preciso: me refiero a mi asombro por la falta de lógica con que se toman muchas decisiones. De hecho, creo que deberíamos dejar de tomar decisiones para pasar a *hacer* decisiones, como sucede en la cultura anglosajona.[53]

En inglés se dice *make a decision*, mientras que en castellano se habla de «tomar una decisión». A mí me parece que no es lo mismo. El significado básico de la voz *tomar* es coger o asir con la mano algo, pero otro de sus significados, según el diccionario de la Real Academia de la Lengua Española es «elegir, entre varias cosas que se ofrecen al arbitrio, alguna de ellas»[54]. Y

---

[53] Recurrir a la traducción literal o la comparación palabra por palabra entre lenguas no es correcto desde un punto de vista académico, pero me permito esta licencia ya que creo es una forma gráfica y contundente de explicar la importancia de este asunto. Cuántas veces he cometido el error de decir *take a decision* por traducir de corrido, en vez de *make a decision*. A ver si por fin se me queda. Para que nadie se lleve a engaño, mis notas en lengua y literatura siempre fueron muy justitas.

[54] lema.rae.es/drae/?val=Tomar. El común de los mortales desconoce que según la RAE este verbo tiene 39 acepciones distintas y que es un verbo muy polisémico en español. La correctora de estilo me insiste en que, combinado con decisiones, expresa perfectamente la idea de reflexionar y decidir. Pero el análisis de la realidad me reafirma en que las decisiones hoy en día están poco meditadas, poco reflexionadas.

arbitrio es «voluntad no gobernada por la razón, sino por el apetito o capricho»[55]. Por tanto, desgraciadamente, tomamos decisiones; es decir, elegimos demasiado influenciados por pasiones, emociones, apetitos, caprichos, ideologías, en vez de construir decisiones, armarlas, que dirían en Sudamérica.

Hacer una decisión es un proceso, un trabajo, que debería tener las siguientes fases:

1. Definir el motivo, por qué debemos *hacer* una decisión. Se trata de buscar las causas que justifican la necesidad de *hacer* una decisión. Definición del problema que hay que solucionar: dónde nos encontramos y a dónde deberíamos llegar.
2. Relacionar todas las opciones que se nos presentan. Ventajas, inconvenientes y consecuencias de cada una de ellas, incluyendo la opción no hacer nada, que casi nunca es la correcta pero siempre debe contemplarse porque analizándola se deducen las consecuencias de no actuar. Es útil preparar una tabla comparando las distintas alternativas.
3. Elegir la mejor opción.
4. Ejecutar la decisión.
5. Monitorizar los resultados. Ajustar la decisión en función de los resultados obtenidos.

Insisto en que las decisiones deben elaborarse a conciencia, aplicando la lógica, el análisis y el sentido común. Con conocimiento, que comprende el cono-

---

[55] lema.rae.es/drae/?val=arbitrio

cimiento intuitivo[56]. No es lo mismo la intuición que la precipitación.

Algunas de las dificultades a las que nos enfrentamos para cambiar o mejorar la toma de decisiones son:
- El componente ideológico.
- Las modas y el seguidismo, es decir, la tendencia a hacer lo que todo el mundo hace.
- Las propuestas demasiado revolucionarias
- El deseo de satisfacer a todo el mundo.
- La mentalidad de siervo.

Cuántas decisiones están tomadas de antemano en función de la ideología de quienes deben hacerlas. Primero se decide y después se buscan argumentos para defender la posición. Recomiendo los libros de José Antonio Marina, porque primero investigan y después sacan conclusiones. Un ejemplo escandaloso es la necesaria reforma de la legislación laboral en España. Incapaces de definir un mercado laboral flexible, que, acorde con los tiempos, garantice la protección adecuada de los trabajadores sin destrozar a las empresas, no se modifica una legislación que resulta ineficiente y generadora de desempleo ni se sustituye por otra que sea favorecedora de la creación de empleo. El hecho es que se mantienen las bases ideológicas ancladas en los problemas y retos generados por la revolución industrial del siglo XIX. La situación es de escándalo: ni tan siquiera se permite provisionar en la contabilidad las posibles indemnizaciones. Un ministro, cuyo nom-

---

[56] Para profundizar sobre este asunto puede leerse el libro de Malcolm Gladwell *Inteligencia intuitiva. ¿Por qué sabemos la verdad en dos segundos?*, Taurus, 2005.

bre no quiero citar, incluso insinuó que no deberían ser un gasto deducible. Esta situación destroza a la pequeña empresa y a los autónomos con empleados, mientras que a los grandes oligopolios les va de cine.

No dejemos de analizar la realidad o la problemática a la que nos enfrentemos y deduzcamos nuestras propias conclusiones, contando con el asesoramiento adecuado. Cuánta gente defiende una postura absurda porque es la que defiende su partido, su supuesta ideología, su empresa, su jefe o su religión, sin tan siquiera haberse planteado la pregunta a la que se busca respuesta. A veces sucede que la postura no está contrastada, se supone que el jefe o los de la sede central quieren «eso». Se toman decisiones en base a suposiciones.

Otro factor emocional es el miedo a ser distinto y no hacer lo mismo que hace todo el mundo. En tecnologías de la información es especialmente destacable este fenómeno. Por ejemplo, las grandes marcas tienen en España más cuota de mercado que en sus propios países de origen. Es más fácil justificar la apuesta por una marca muy conocida que no por otra con menos renombre, aunque sus soluciones sean manifiestamente mejores. Hay miedo a ser distinto, incluso cuando la distinción sea causada por la búsqueda de la excelencia.

Hay que tener mucho cuidado con las revoluciones, ya que siempre poseen un componente de caos y de desorden; por eso es conveniente evitarlas y adelantarse a ellas. El inmovilismo conduce a la

> Evolución *versus* revolución.

revolución. La realidad enseña que los cambios excesivamente bruscos no son nada buenos, porque las cosas tienen que seguir funcionando: innovar o mejorar no significa romperlo todo. Siempre es mejor que algo funcione regular o a medias a que no funcione en absoluto. Provocar el caos nunca es bueno. Lo que hay que hacer es evolucionar. Romperlo todo es una tentación que debe vencerse. Hay que rechazar los planteamientos catastrofistas o categóricos que partan de que no funciona nada o que hay que cambiarlo todo.

Las decisiones tienen por encima de todo que ser acertadas. No podemos caer en la tentación de querer satisfacer a todas las partes afectadas. El consenso no siempre es posible y cuando no lo sea habrá que explicar y *vender* muy bien ciertas decisiones. Cuando hay que cambiar, siempre habrá quien se sienta damnificado, con razón o sin ella.

En Europa se vivió bajo regímenes feudales durante siglos y, posteriormente, algunos periodos más o menos prolongados bajo dictaduras feroces. La peor herencia de esos sistemas sociopolíticos es la condición de siervo, que se traduce en una actitud que todavía pervive. Es la herencia de un pasado que hay que superar. No se puede seguir adorando desmesuradamente al poder político o a las empresas con posición de dominio, muchas de las cuales no se lo han ganado, ya que provienen de antiguos monopolios. Hay una tendencia inalterada a considerar adecuado todo aquello que proviene del poder económico (posición de dominio del mercado) o del poder político y, por tanto, a rendirle obediencia ciega, como se hacía con el señor feudal.

Propongo que cambiemos de planteamiento, que dejemos de tomar decisiones y pasemos a hacer, construir o armar decisiones. La toma de una decisión es un proceso y debe aplicarse una metodología. Es imprescindible efectuar un análisis frío y desapasionado de los problemas a los que nos enfrentamos y plasmar el reto y las alternativas, incluyendo la de no hacer nada, y la solución por escrito.

Finalmente, no hay que olvidar que las decisiones no son eternas. Hay que adaptarlas al entorno cambiante, ajustarlas según convenga para que continúen siendo válidas.

17. El taburete

> *No se puede servir*
> *a dos señores.*
> Mateo 6, 24

Un taburete, de los de toda la vida, tiene tres patas, solo con dos no se mantiene. Es necesario que se cree un área de sustentación y, para ello, se precisan tres puntos de apoyo como mínimo.

Nuestro sistema político, democracias de corte occidental, es un sistema con tres poderes: legislativo, ejecutivo y judicial. Se cree en la división de poderes: unos determinan las reglas del juego, poder legislativo; otros los aplican, poder ejecutivo; y un tercero dictamina si se han aplicado correctamente o no, poder judicial. Cuanto más independientes sean los tres entre sí y menos relaciones oscuras haya entre ellos mejor funciona el sistema. En opinión de Winston Churchill es el sistema político menos malo de los desarrollados hasta la fecha.

Un edificio también se construye con tres jugadores: el propietario-promotor, el arquitecto y la constructora. Tradicionalmente, el propietario-promotor contrata por una parte a un arquitecto y por la otra a una constructora (contratista). El arquitecto, aportando sus conocimientos técnicos, plasma los requisitos y las necesidades de su cliente en un proyecto, y, posteriormente, controla que la obra se ejecute en plazo previsto y acorde con el proyecto redactado, asume la dirección de obra. La constructora levanta el edificio. Entre el arquitecto y la constructora no debe haber ningún tipo de relación salvo el interés común en ofrecer un buen servicio al cliente (propietario promotor) y en ejecutar de manera correcta el proyecto sin desviaciones en el presupuesto y sin retrasos en el calendario. De igual forma, cuando se ejecuta cualquier otro tipo de proyecto, debe haber tres actores, cada uno de ellos con su rol bien determinado: el promotor-propietario, el equipo de expertos independientes (ingenieros y consultores) y el instalador-integrador de sistemas.

El flujo económico entre las tres partes es muy importante; está representado en la figura 2. El propietario promotor paga por un lado los honorarios de los profesionales independientes (arquitectos, ingenieros y consultores) y por otro a los contratistas (construc-

Figura 2. Modelo de gestión de proyectos que garantiza el control de calidad de estos.

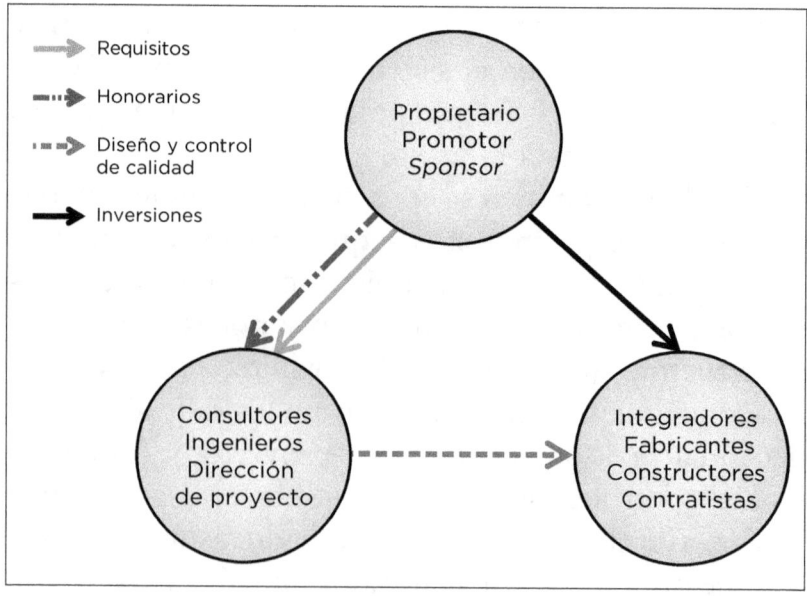

tores, instaladores, integradores). Entre estos dos últimos no debería haber flujo económico para evitar conflictos de intereses. Los profesionales nunca deberían estar en nómina de los contratistas y durante muchos años así ha sido.

Con los llamados «proyectos llaves en mano» esta buena práctica se pierde; en este tipo de proyectos, el contratista también se encarga de suministrar la dirección facultativa y así se rompe el natural equilibrio de poderes y desaparece una de las patas, tal como se representa en la figura 3. Todo el mundo tiende a servir a quien le paga; si al arquitecto le paga el constructor tendrá la tendencia o tentación de defender los intereses, legítimos o no, del constructor por delante de los del propietario-promotor. Observo que esta

Figura 3. Esquema de mala praxis en la ejecución de proyectos. La calidad de los resultados no está garantizada.

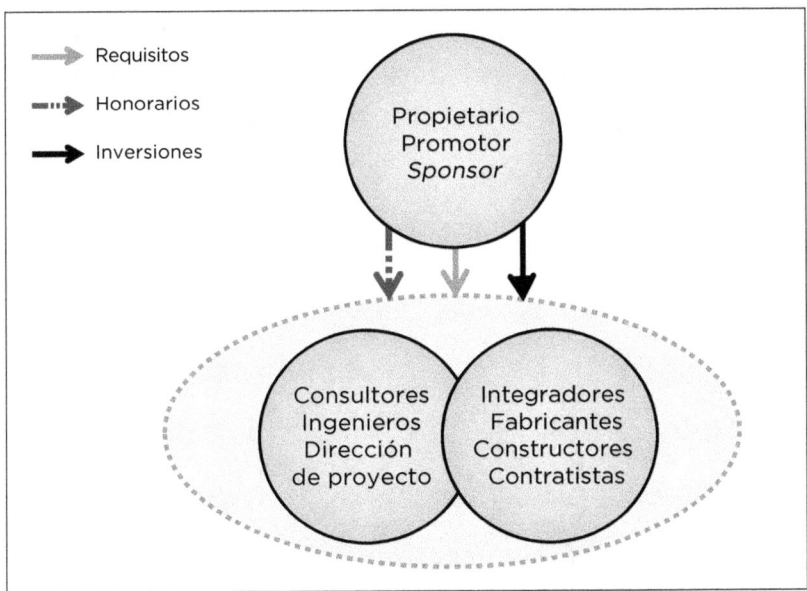

práctica se ha extendido no solo entre las empresas privadas, sino, lo que es mucho peor, en la Administración pública.

Otra praxis, no tan manifiestamente incorrecta, aunque sí incomoda y poco elegante, es la de que el contratista asuma los costes de ingeniería y consultoría pero no el servicio en sí. En esos casos se incorpora en el pliego de condiciones una cláusula que indica que la propiedad elegirá con plena libertad a los asesores que estime conveniente pero será el contratista quien asumirá y pagará los honorarios de la asesoría; para evitar malentendidos, estos deben estar establecidos por escrito. La propiedad no se ahorra dinero con esta práctica, más bien al contrario, ya que el contratista debe reservarse un margen para compensar los costes de administración, pero si consigue que la partida de asesoramiento no figure en su contabilidad, sus motivos tendrán.

En definitiva, para construir una estructura sólida hacen falta tres puntos. No caigamos en la tentación de simplificar. Hay que actuar de forma un poco sagaz, con un contrapoder, con contrapesos si no se producen desequilibrios.

18. Soporte externo

*Cuando no sabemos algo,
lo mejor es preguntar.*

En la vida usamos muchas veces un consejero externo y lo llamamos para asuntos muy serios: son sacerdotes, médicos o abogados, entre otros. El principal motivo por el que lo buscamos es porque no dominamos el tema sobre el que precisamos ayuda o nos parece que nos sobrepasa.

El soporte externo aporta una gran ventaja: el desapasionamiento. Es muy importante poder consultar a personas que no estén directamente involucradas en los asuntos, ya que las emociones y las pasiones son muy malas consejeras.

Por ejemplo, para resolver conflictos es muy útil contar con la figura de un mediador, puesto que nunca una de las dos partes tiene toda la razón y siempre es posible encontrar una tercera vía antes de hacerse daño todo el mundo.

Otra realidad que se solventa contratando asesoría externa es la carencia dentro de la organización de expertos en todas las materias. Desde el punto de vista económico sería inviable, y, por otro lado, no serían realmente expertos, ya que la verdadera experiencia se adquiere abordando proyectos similares pero en entornos diferentes. Para ser verdadero experto hace falta haber corrido mundo. En este sentido, en la mayoría de las grandes organizaciones hace falta abrir las ventanas y que circule el aire de las nuevas ideas.

En las habitaciones que han permanecido cerradas por mucho tiempo, el aire que se respira no es saludable. Mantener formadas, entrenadas y preparadas a personas que actúan solo de vez en cuando es muy complicado. Me contó una vez un jefe de bomberos que la parte más difícil de la gestión de su equipo no era apagar un fuego o actuar en caso de una emergencia, sino mantener a los bomberos acuartelados; el reto es como mantenerlos activos y evitar conflictos entre ellos durante horas y horas en tareas rutinarias o de entrenamiento.

Hay quien busca un consultor para que le diga lo guapo que es y le confeccione un *powerpoint* muy bonito y espectacular con lo que quiere oír. Es decir, lo que busca, en realidad, es un adulador o un experto en comunicación. No le interesa una persona que analice, ayude a razonar y a buscar soluciones y disfrute de libertad de cátedra. Un verdadero consultor, un asesor de confianza, dice lo que de verdad opina, de forma bien argumentada y según su más leal saber y entender, libre de conflictos de intereses. La independencia de los asesores externos es clave; no se puede servir a dos señores.

El asesoramiento independiente y de calidad tiene inmerecida fama de muy caro; si solo se mira el precio por hora, incluso puede parecer exagerado. Es la historia del director de fábrica al que se le estropeó una máquina y toda la producción se detuvo. El buen hombre, asustado, em-

> «La sinceridad es un regalo muy caro, no la esperes de gente barata».
> *Warren Buffett*

pezó a llamar a un mecánico detrás de otro, y todos ellos estuvieron horas y horas buscando la avería. Al cabo de varios días sin encontrar la solución, le recomendaron que llamara a un *mecánico consultor*, introvertido y algo raro. El director desesperado le hizo ir a buscar. Se personó el sujeto en la fábrica con un martillo en la mano, observó con detenimiento la máquina y pegó un martillazo en un punto determinado y al instante la máquina volvió a funcionar. El director, emocionado y contento, le preguntó qué le debía, 10.000 €, dijo el *mecánico consultor*. Muy incómodo, el director le inquirió: «Pero si solo ha dado un golpecito con un martillo». Y el *mecánico consultor* detalló su minuta: 1 € por el golpe y 9.999 € por saber dónde darlo en menos de un minuto. El famoso inversor multimillonario Warren Buffett seguro que está de acuerdo con la moraleja de la historia, ya que afirma: *Honesty is very expensive gift. Do not expect it from cheap people* (La sinceridad es un regalo muy caro, no la esperes de gente barata)[57]. Es de pura lógica; la integridad requiere conocimiento y conseguirlo requiere mucho esfuerzo y mucho tiempo, por lo que el trabajador es merecedor de su salario[58]. La caridad y el voluntariado hay que practicarlos con los más necesitados, no con las empresas[59]. Los buenos consejos hay que pagarlos.

---

[57] www.forbes.com/sites/erikaandersen/2013/12/02/23-quotes-from-warren-buffett-on-life-and-generosity/

[58] Lucas 10, 7.

[59] Si quiere dar un donativo o colaborar como voluntario con una buena causa, le propongo que ayude a las Hermanas de la Caridad, fundadas por la madre Teresa de Calcula: le garantizo que el dinero no se pierde en burocracias e intermediarios. www.motherteresa.org/07_family/Volunteering/v_cal.html

Los profesionales o empresas de soporte que contrate deben regirse por un código ético como, por ejemplo, el de la Society of Communications Technology Consultants[60], gracias al cual los miembros de esta asociación se comprometen a que únicamente recibirán compensaciones económicas o de cualquier otro tipo de parte de sus clientes.

Expresado de forma contundente, cuando no se sabe una cosa lo mejor es preguntar a quien sí sabe, aceptando que no pasa nada, que no quedamos en evidencia por preguntar. Es imposible saberlo todo de todo; por eso, cuando hay que tomar (construir) una decisión importante, va bien conocer la opinión de, al menos, dos o tres personas sensatas y externas a la organización, ya que aportarán, además de conocimientos, una visión más distante y menos apasionada del asunto. Los consejeros deben de tener puntos de vista distintos y complementarios entre sí. No hay que olvidar que las emociones y los sentimientos nos nublan; de hecho, llegan a nublar a todo el equipo, a sociedades enteras[61]. Cuando hay niebla y se conduce sin visibilidad el riesgo de impacto aumenta exponencialmente y afecta por igual a todos los conductores que se encuentran en la zona. Es de sabios preguntar y saber aconsejarse.

> Es de sabios preguntar y saber aconsejarse.

---

[60] www.sctcconsultants.org/?page=Code_of_Ethics
[61] Recordemos la Alemania nazi y el concepto de neurosis colectiva de Frankl.

Por lo que respecta a elegir de quién recibir consejos, la elección es fácil; basta con seguir la indicación de Jesús en el Evangelio al hablar de los falsos profetas: «Por sus obras los conoceréis»[62]. Debemos buscar y elegir consejeros entre aquellos que tengan buena reputación, conocimientos y experiencia, aquellos que hayan hecho obras buenas y hayan tenido éxito en sus proyectos. Mejor no fiarse de aquellos que no han hecho nada en la vida, y de esos hay unos cuantos. Esto no quiere decir que no haya que confiar en gente joven, porque hay jóvenes que han hecho lo que tenían que hacer y, además, aportan aire fresco.

Un truco que utilizo para evaluar a posibles colaboradores es preguntarles cuestiones que ya sé, sobre asuntos que domino y cuya respuesta correcta conozco de antemano. Esta táctica también permite analizar la coherencia del discurso de nuestros interlocutores. Para seleccionar buenos consejeros también hay que preguntar y obtener referencias, pedírselas a la red, a Internet; se llama *googlear*.

---

[62] Mateo 7, 15-20.

19. El departamento de análisis y estrategia

Conozco muy pocas organizaciones que tengan un departamento de estrategia que se pregunte sobre el futuro de la empresa y defina el rumbo para llegar a él. Un equipo que ayude a establecer los objetivos a medio y largo plazo, que se olvide del corto plazo y que no se vea agobiado por el día a día.

Lo importante y no urgente

Tiene que haber personas pensando en lo importante y no urgente[63], que se dediquen a analizar cómo cambia el entorno, a observar la evolución sociopolítica, tecnológica y demográfica, y a reflexionar sobre cómo esos cambios van a afectar a nuestra vida, a nuestra sociedad y a nuestro negocio. Alguien debe estar atento a la posibilidad de que se acabe el filón para empezar a buscar otro[64]. Un equipo que se pasee por el mundo

---

[63] En este punto me inspiré en el modelo de gestión del tiempo propuesto por Stephen Covey en varios de sus libros, y desarrollado en profundidad en *Primero lo primero*, Paidós, 2004. Covey clasifica las actividades a partir de dos ejes: importancia y urgencia de la tarea. Según tengan o no alguna de estas características, distingue cuatro grupos de tareas:
- Urgentes e importantes.
- Urgentes y no importantes.
- Ni urgentes ni importantes
- Importantes pero no urgentes.

[64] Spencer Johnson, *¿Quién se ha llevado mi queso?: cómo adaptarnos a un mundo en constante cambio*, Empresa Activa, 1999.

física o virtualmente, que asista a ferias y congresos, que esté en contacto con el mundo universitario y, a la vez, conozca el propio negocio. Personas que tengan tiempo para pensar, para intercambiar ideas, pero también que escuchen a la organización, que se les vea por los diferentes centros de trabajo, que pisen todos los terrenos, que reciban confidencias y que detecten ineficiencias y puntos de mejora. La estrategia para Covey es una tarea primordial del cuadrante importante pero no urgente, mientras que, por ejemplo, una pérdida de tiempo es lo opuesto y se ubicaría en el cuadrante ni urgente ni importante, el peor.

El de análisis y estrategia no tiene que ser un gran departamento. Pero sus miembros deben ser gente de mente abierta, capaz de cuestionárselo todo, personas imaginativas, creativas, con visión de conjunto, renacentistas. Tiene que ser gente complementaria, que tenga diferentes puntos de vista, multidisciplinaria, multicultural. No tiene que ser personal que esté en nómina ni que se dedique a tiempo completo.

Para mí es obvia la necesidad de replantearse frecuentemente qué hacemos, por qué lo hacemos, cómo lo hacemos, qué podemos mejorar y cómo evoluciona la tecnología, pero está claro que no lo es para mucha gente ni para muchas empresas. Una empresa que tiene un buen departamento de estrategia es Telefónica[65], que si bien tiene muchos aspectos mejorables, cuando no francamente negativos, en este campo lo hace muy bien.

---

[65] www.telefonica.es. Actualmente en España todos sus servicios se comercializan bajo la marca Movistar.

Obtener información útil

Buscando argumentos contundentes para reforzar mi afirmación sobre el departamento de estrategia, inevitablemente caí en los clásicos militares, uno de los ámbitos en los que es más antigua la aplicación de la estrategia. La propia palabra procede de los vocablos griegos, *stratos* («ejército») y *agein* («conducir, guiar»), o sea, la conducción del ejército. Aunque este libro promueve la estrategia ganar-ganar y no perder-perder, que es la de las guerras, hay consejos muy sabios provenientes de gente de la milicia, sabiduría de todos los tiempos en estado puro, como los del general chino Sun Tzu[66], que concluye que «es mejor ganar sin luchar y esa es la distinción entre el hombre prudente y el ignorante» y que «nada es más difícil que la lucha armada», y más caro. Sun Tzu recalca la importancia vital de la información, pero no comentaremos los métodos que recomienda para conseguirla ni abogaremos por ellos. Advierte claramente que no puede obtenerse de fantasmas ni espíritus y también recomienda las ventajas de pedir consejo: «Valora las ventajas de pedir consejo y, después, estructura tus fuerzas en consecuencia, para añadir tácticas suplementarias».

El consejo más conocido de otro gran estratega, Warren Buffet, es «no inviertas en lo que no entiendas», el mismo que afirma que «la sinceridad es un regalo muy caro, no la esperes de gente barata». Un buen departa-

---

[66] Sun Tzu es autor del famoso libro *El arte de la guerra*, un fijo de la librería del puente aéreo o del AVE (versión del experto en budismos y filosofías orientales Thomas Cleary, doctor en Civilizaciones y Lenguas del este asiático por Harvard y profesor de la Universidad de Kioto).

mento de estrategia cuesta dinero, si no, no conseguirá ser bueno. Buffett y Sun Tzu harían buenas migas. Pero que este departamento deba estar bien pagado no significa que esté formado por teóricos aislados en un despacho. De hecho, sus integrantes tendrían que ser sabios renacentistas curtidos y capaces de pisar el terreno y escuchar. No sea que pase algo similar a lo que me sucedió dos días antes de inaugurar las piscinas Picornell, sede de la competición de natación y waterpolo de los Juegos Olímpicos de Barcelona, cuando un veterano electricista me espetó con razón: «Cuatrocientos días coordinando, cuatrocientos planificando y ahora yo a instalar cuatrocientos enchufes en dos días».

Históricamente, el reto era conseguir información, ya que la información es poder. Sun Tzu era un fan declarado del espionaje. Hoy en día no hace falta espiar; es más, es un delito. Hay muchos contenidos en la red a nuestra disposición si los sabemos encontrar y procesar adecuadamente. El reto consiste en separar el grano de la paja y en convertir datos en información relevante. Datos hay muchos, demasiados, es abrumador, pero los datos no son información en sí mismos sino que hay que tratarlos para obtener información útil, que permita construir decisiones.

Como explica Ramón Archanco, autor del blog *Papeles de inteligencia*[67], el reto actual es convertir la sobrecarga de datos en conocimiento útil, en información con valor. Hay que seguir las fuentes adecuadas y, después, seleccionar la información relevante, tarea que es todo un arte en sí misma.

---

[67] www.papelesdeinteligencia.com

Estas actividades se conocen como «vigilancia tecnológica» e «inteligencia competitiva». Las tareas que engloba ese concepto facilitan la información al departamento de estrategia, que deberá analizarla, obtener conclusiones

> El reto está en convertir datos en información relevante.

y armar las decisiones. Esas tareas de recogida, depuración y cocinado de datos pueden encargarse a empresas especializadas. Aunque se dispone de herramientas informáticas, las decisiones no debe tomarlas un programa, sino que hace falta aplicar inteligencia humana, intuición y visión de la jugada. En Estados Unidos dirían que hay que tener en el departamento de estrategia a los visionarios. Allí, es una alabanza que te llamen *visionary*, mientras que en España suena mal, suena a iluminado. Un visionario es alguien capaz de construir una imagen mental de cómo será el futuro, de deducir qué cambios se están produciendo o se producirán próximamente. Un visionario no es un adivino; es alguien capaz de leer las señales de cambio, de interpretar los signos de los tiempos.

Estrategia en evolución

Encontré magnífica y más actual que Sun Tzu la definición de estrategia del coronel John Boyd[68]: «Un ta-

---

[68] John Richard Boyd, coronel del Ejército del Aire de Estados Unidos, consultor del Pentágono de finales del siglo XX; en.wikipedia.org/wiki/John_Boyd_(military_strategist).

piz mental de intenciones cambiantes, para armonizar y focalizar nuestros esfuerzos, como base para lograr algún objetivo o propósito, en un expansible mundo de imprevistos, con muchos eventos desconcertantes y muchos intereses competitivos». El pensamiento de Boyd, su estructura teórica y filosófica, solo se encuentra en formato de transparencias (en PowerPoint) y se sustenta en tres interesantes principios desarrollados por físicos y matemáticos:

- El teorema de la incompletud de Gödel[69], que en síntesis dice que cualquier modelo lógico de la realidad es incompleto y posiblemente inconsistente y debe ser siempre refinado o adaptado a partir de nuevas observaciones.
- El principio de indeterminación de Heisenberg[70], que nos recuerda que nuestra capacidad de observar la realidad con precisión es limitada.
- La segunda ley de la termodinámica[71], que de forma muy resumida y poco académica indica que todo tiende a la máxima entropía, que es algo así como una medida del desorden o del caos molecular.

De los tres principios utilizados por Boyd el único que me explicaron en el bachillerato fue el de la entropía y reconozco que en esos momentos no lo entendí, me sonó fatal eso de que todo tiende al máximo desorden. Incluso me encaré con el profesor de biología,

---

[69] Kurt Gödel, lógico, matemático y filósofo austriaco-estadounidense (1906-1978); es.wikipedia.org/wiki/Kurt_Godel

[70] Werner Karl Heisenberg, físico alemán y premio Nobel (1901-1976); es.wikipedia.org/wiki/Werner_Heisenberg

[71] es.wikipedia.org/wiki/Segundo_principio_de_la_termodinamica

Josep Lluís Pérez, quien por cierto era un genio; no solo es uno de los que mejor recuerdo tengo, sino que tiene un recorrido vital digno de admiración[72]. Con el tiempo sí he aprendido que hay que hacer un esfuerzo para mantener cierto orden.

> «Si no te mueves, todo degenera».
> *Josep Lluís Pérez*

Aunque la gran mayoría de nosotros nunca entenderemos nada de Gödel, de Heisenberg o de termodinámica —y es posible que no nos haga ni falta—, sí podemos entender que una estrategia debe tener en cuenta la realidad, considerar el mundo tal como es, y podemos interpretar los principios de la siguiente forma:

1. Hay que mejorar y ajustar constantemente nuestros modelos, procedimientos y forma de entender la realidad.
2. No captamos toda la realidad, tenemos acceso limitado a la información.
3. Es necesario estar atento porque todo tiende al máximo desorden.

La sabia definición de estrategia de Boyd encierra conceptos importantes que no debemos obviar:

- La estrategia es algo que está vivo, hay que trabajarlo y refinarlo cada día. Debe ser cambiante.
- Hay que armonizar y focalizar esfuerzos para conseguir un objetivo.

---

[72] «Josep Lluís Pérez, 77 años: "Si no te mueves, todo degenera"», *La Vanguardia*, 13/1/2014.
http://www.lavanguardia.com/vida/20140113/54398047711/josep-lluis-perez-77-anos-mueves-degenera.html

- El mundo está lleno de imprevistos y eventualidades, lo cual es desconcertante. Es imposible tenerlo todo bajo control. La seguridad absoluta no existe.
- Hay intereses competitivos. En el mundo hay conflictos y competencia, y a veces competencia muy desleal.

Boyd también define el propósito de la estrategia: «Mejorar nuestra habilidad para crear y adecuarse a las expansibles circunstancias, para que (como individuos o grupos, o como cultura o nación) podamos sobrevivir en nuestros propios términos». Dicho de otra manera, necesitamos una estrategia para sobrevivir y adaptarnos mejor. El objetivo no es trabajar más, sino trabajar de forma más inteligente, más eficiente.

El resultado de los trabajos de Boyd es conocido como «bucle OODA», que es el acrónimo de observar, orientar, decidir y actuar; hablamos, por tanto, de un servosistema, enfocado a *hacer* decisiones y a actuar; y una vez analizados los resultados, volver a intentarlo. Es un planteamiento muy alineado con lo que propone este libro. El bucle OODA se comentará en el capítulo dedicado a los servosistemas en la parte de conclusiones.

La ventana de oportunidad

Los estrategas tienen que encontrar las oportunidades. Tienen que ser un poco *fabianos*. Quinto Fabio Máximo Verrucoso fue un general y político romano que se enfrentó a Aníbal en la segunda guerra púnica (Roma contra Cartago). El general Fabio se caracterizaba por saber encontrar el momento oportuno para atacar; no se precipitaba, era un hombre paciente, que esperaba a que las circunstancias le fueran favorables; aguardaba a que surgiera una oportunidad. Es la misma estrategia que la del cazador que en su puesto espera horas el paso de la pieza. Si al verla se precipita, la asusta, y si se retrasa, se le ha escapado. Así que debe disparar en el momento oportuno, cuando se ha abierto la ventana de oportunidad y antes de que se vuelva a cerrar. Fabio fue un incomprendido, ya que el pueblo y el senado romano lo acusaron de pasivo, pero la historia al final le dio la razón. No es lo mismo ser un procrastinador que ser paciente y oportuno. No lanzarse al fracaso, esperar una mejor oportunidad. El general Fabio lo hizo mejor que el coronel Mastalerz.

Hay una corriente, que hay que tener muy en cuenta, del socialismo que se autodenominó «fabiana». Frank Podmore (1856-1910) miembro fundador de Fabian Society, reflexiona: «Es preciso saber esperar el momento oportuno, como Fabio hizo pacientemente en su lucha contra Aníbal a pesar de las críticas de que era objeto por su lentitud; cuando llegue el momento, hará falta atacar como hizo Fabio».

Espero que estas breves reflexiones, tal vez un poco complejas, nos convenzan para que dediquemos el tiempo y los recursos necesarios a definir nuestra estrategia personal y empresarial. A que nos focalicemos en aquello que es importante y no urgente —como explica Stephen R. Covey cuando desarrolla el tercer hábito de las personas altamente efectivas («primero lo primero»)— y a saber encontrar el momento oportuno evitando tanto la precipitación como la procrastinación. Sin olvidar que nuestra estrategia debe ser flexible, una estrategia en evolución. Es un error fijar una estrategia y no cambiarla nunca, ir a piñón fijo. Si vas de excursión en bicicleta y no cambias de piñón, no subes las cuestas.

20. Vender innovación

Vender no es pecado,
vender sueños tampoco.

Los vendedores tienen mala prensa. Es frecuente considerarlos, injustamente, embaucadores o estafadores, individuos que nos colocan cosas que no sirven para nada o a más precio del que es justo. Pero la realidad es que vender no es pecado, sino una actividad muy digna y, además, necesaria. Si una empresa no vende sus productos, por muy buenos que sean y muy buena relación coste/prestaciones que tengan, la empresa se va a pique. Si uno no sabe venderse no consigue un buen puesto de trabajo.

Parece ser que hubo una época en que como la gente compraba sin parar, a las ventas se dedicaban los menos preparados. Ya no es así. Vender es muy difícil; además hay servicios, productos o ideas que son especialmente difíciles de vender. El cambio y la innovación es sin duda una de ellas porque llevan implícito esfuerzo, riesgo, trabajo; porque es rebelarse contra el statu quo y empujar a abandonar la zona de confort, a levantarse del sofá. Hay que ser muy hábiles, «prudentes como serpientes»[73], cuando se quiere llevar a término un proyecto que represente cambio. Encontraremos enemigos de todo tipo y por todas partes, mucha gente interesada en que descarrile el asunto.

---

[73] Mateo 10, 16. Consejos de Jesús a los apóstoles, cuando los envía a predicar el cambio.

La venta es primordial y hay que hacerla en todos los niveles de la organización. Para empezar, hay que venderle el proyecto a la dirección de la empresa, ya que sin su apoyo no saldrá adelante. Se necesita un *sponsor*, un patrocinador. Por ejemplo, parte del éxito de Cristóbal Colón se debió a que supo encontrar el patrocinador adecuado, que no le fue fácil. Antes de que la reina Isabel la Católica le comprara el proyecto hubo otros que lo rechazaron. Para conseguirlo hay que saber explicar muy bien cuál es el objetivo del proyecto, su alcance, las ventajas que aportará y los riesgos de no llevarlo a cabo. Un patrocinador adecuado aporta la autoridad y el apoyo necesario para vencer las reticencias de los opositores, que sin duda habrá.

Muchos comités de dirección solo comprenden los conceptos de retorno de la inversión (ROI, *return of the investment*), de inversiones (CAPEX) y de gastos operativos (OPEX). En consecuencia, estos aspectos deben tratarse siempre y hay que ser muy claro y transparente al respecto; hay que trabajarlos a fondo. Si se solicita la aprobación de un presupuesto es muy importante no desviarse al alza, aunque sea una práctica muy habitual es un desprestigio para quien lidera el proyecto. Los imprevistos suceden y hay que tenerlo en cuenta.

Los costes de una empresa tienen forma de iceberg, una pequeña parte de los mismos es visible, pero la mayor parte no. Los americanos distinguen entre *soft* $ y *hard* $,

> Los costes de las ineficiencias organizativas son muy difíciles de cuantificar, y son temas muy sensibles.

dinero que se toca y dinero que no se toca, gastos y ahorros indirectos, y gastos y ahorros directos. Por ejemplo, se ve fácilmente el importe de la factura de telefonía móvil, pero no se ve tan fácilmente las horas dedicadas a efectuar llamadas o navegar por Internet en asuntos ajenos a la empresa, a pesar de que el coste de las horas dedicadas a ello tiene un importe muy superior al de la llamada o de la navegación[74]. Los costes de las ineficiencias organizativas son muy difíciles de cuantificar y son temas muy sensibles.

Los costes directos se entienden y se admiten sin dificultad, pero son mucho menores (parte que sobresale del iceberg); los indirectos son más difíciles de justificar y admitir y, por tanto, de vender. Hay más intereses en juego, los cambios de procedimiento y de organización representan reajustes de poder y de presupuesto, pero es donde realmente hay dinero (parte sumergida del iceberg). Los proyectos en los que no se puede presentar un retorno *hard* de la inversión muy bajo, de pocos meses o años o aquellos que contemplan factores difusos *soft* son mucho más difíciles de vender. La realidad es que cuanta más innovación incluye un proyecto más difícil es de vender. Siguiendo con el ejemplo de las telecomunicaciones, vender una auditoría de costes es relativamente fácil, pero vender un centro de interacción con clientes integrado con la web, y que implicaría ajustes en la red comercial, es muy difícil. Para lo segundo hace falta, más que un *sponsor*, un líder.

---

[74] Siempre y cuando no se navegue en *roaming* en países exóticos y sin el bono de datos adecuado. Hemos visto facturas de hasta 35.000 € y es habitual que cada septiembre aparezcan en las empresas facturas de 3.000 a 6.000 € en una sola línea.

Aunque parezca mentira hay quien presenta informes y ofertas con errores en las sumas. Las hojas de cálculo son muy peligrosas y hay que repasarlas y poner controles. Un

> Repasar las sumas es clave.

directivo al que no le guste un proyecto, lo primero que hará es buscar errores en las sumas o incongruencias en los números, dejará en evidencia al redactor del informe y cuestionará su contenido. Es un error de principiante que cometen hasta los más veteranos.

Disponer de un *sponsor*, vender el producto hacia arriba, es imprescindible, pero no es suficiente. Es muy adecuado y muy inteligente vender el proyecto también hacia abajo y en lateral. Cuantos menos enemigos, mejor; es decir, cuanta más gente esté convencida de la necesidad de llevar a cabo el proyecto menos dificultades. Aunque se disponga de todo el poder, imponer siempre es poco inteligente; es más fácil y rápido que convencer, pero a la larga tiene más riesgos y se obtienen peores resultados. Si se consulta a los usuarios, a las personas directamente afectadas, se sentirán partícipes, se sentirán reconocidos y colaborarán. A las personas les gusta estar informadas de lo que se cuece en su organización, aunque les afecte solo de forma colateral. Es mucho mejor convencer que imponer. Imponer es el último recurso, y a cuanta menos gente afecte, mejor. Pero si no hay otro remedio, no se puede renunciar a usar el báculo[75].

---

[75] El báculo de los obispos y abades es el signo de pastor, el palo con el que se golpea con suavidad y se corrige a las ovejas para que no se descarríen. Sirve para acompañarlas de vuelta al rebaño.

21. Negociación

Lo mejor es enemigo de lo bueno.
Refrán castellano

Pleitos tengas aunque los ganes.
Maldición gitana

Lo que las saetas en la mano del guerrero, esos son los hijos de los años mozos. ¡Dichoso el que llenó de ellos su aljaba! No serán confundidos cuando hayan de litigar en la puerta con sus adversarios.
Salmo 127

En esta vida hay que negociarlo todo. Negociamos continuamente hasta sin darnos cuenta y en todos los ámbitos: personal, familiar, profesional, social.

Ganar-ganar

Un proyecto de innovación, cambio o mejora hay que negociarlo, hasta el último detalle, con todos los jugadores implicados. El objetivo de una negociación es alcanzar un acuerdo y hay tres tipos de posibles acuerdos:
- Ganar-ganar
- Ganar-perder
- Perder-perder

Lo más habitual es que las personas actúen en el marco ganar-perder. Otras, como hemos comentado anteriormente, dominadas por el efecto envidia, se empecinan en el perder-perder. La posición intermedia (ganar-perder) en el fondo no existe, ya que evoluciona hacia perder-perder.

Un ejemplo claro de ganar-perder —que en realidad es perder-perder— es estrujar a los proveedores. Si se les aprieta en exceso, el comprador puede salir muy contento del buen precio que ha conseguido, pero no ha entendido que si el proveedor trabaja con pérdidas o con márgenes minúsculos terminará disminuyendo la calidad de sus servicios o productos o bien cerrando el negocio. En ambos casos, el comprador saldrá también muy perjudicado. Tendrá que sustituir al proveedor con todo lo que esto representa o perderá clientes al disminuir, a su vez, la calidad de sus productos. El aparente acuerdo ganador evolucionará hacia un acuerdo perdedor en el que ambas partes salen perjudicadas.

Algo parecido es lo que a mí me parece que les pasó a los mayas. Esta civilización precolombina, que se extinguió de forma misteriosa y que se distinguía por su tremenda crueldad, tenía el mismo dios para la guerra y para el comercio y el cacao, se llamaba Ek Chuah. Compartir dios para comerciar y para guerrear da que pensar, ya que son conceptos antagónicos. Que el dios del comercio sea el mismo que el del cacao es acertado, pero pensar que también sirve para la guerra es un planteamiento completamente equivocado, un error filosófico de base, que llevó a los mayas a la extinción; al menos les puso muchas dificultades para sobrevivir. A Ek Chuah me lo presentaron cuando estuve visitando las maravillosas ruinas mayas de Tulum[76], posiblemente el sitio más bonito que he visitado, y quedé realmente impactado por lo muy feo que era en su representación.

La guerra es una situación que se plantea cómo yo gano y mi enemigo pierde, pero que, en realidad es perder-perder, destruir-destruirse, matar-matarse. El comercio, los negocios, deberían ser todo lo contrario: una situación ganar-ganar, en la que ambas partes obtuvieran un beneficio. El Estado también se apunta a las políticas de influencia maya; sus administradores, cual sacerdotes mayas, piensan que ahogando a impuestos y tasas a contribuyentes y empresas van a sobrevivir, pero si las empresas cierran y los contribuyentes se mueren de hambre nadie pagará los impuestos y el Estado se quedará sin ingresos. A ver si descubrimos que, además de por Ek Chuah, también están influidos por otras deidades malévolas y destructivas, como Ah Puch, otra figura asociada con la guerra y los sacrificios humanos, o Ixtab, diosa del suicidio. ¡Qué cultura más autodestructiva! También es significativo que en la cultura maya hubiese más de un dios relacionado con la guerra; Ek Chuah no tenía la exclusividad sobre ese tema, debía competir con Ah Puch. Es algo así como las distintas Administraciones del Estado compitiendo sobre cuál sube más los impuestos.

La era digital, la economía de Internet, es un mundo de colaboración, de cooperación, de redes, de puentes. La crueldad, la venganza, el pesimismo y el catastrofismo llevan a la autodestrucción. Creemos un entor-

---

[76] www.visitmexico.com/es/tulum-riviera-maya

no ganar-ganar y no intentemos mantener un mundo antiguo que, bajo la apariencia de ganar-perder, genere pobreza. Ek Chuah es historia; dejémoslo tranquilo, que el mundo no se acabó el 21 de diciembre de 2012 como decían las profecías mayas.

Contratos de sumisión

También hay contratos en los que se aprieta al cliente, acuerdos de sumisión al proveedor. Son los contratos típicos de las grandes *utilities*: gas, agua, electricidad y telecomunicaciones. No se puede ir a remolque de esas empresas, sino que hay que tomar la iniciativa y aplicar técnicas de David contra Goliat[77]. Pensar en cómo reequilibrar la situación; por ejemplo, ningún cliente es importante para una de esas empresas, pero sí que puede ser un cliente muy importante para el comercial que lleva la cuenta, que puede quedarse sin prima o tener que dar muchas explicaciones si pierde una cuenta.

Negociar con intratables

Como ya hemos comentado en el capítulo 6, sobre los jugadores, hay personas destructivas y otras vegetales, y hay que saber cómo tratarlas. Para aprender puede sernos muy útil la interesante perspectiva que exponen los expertos en negociaciones Ronald

---

[77] I Samuel 17, 12-54. David ganó a Goliat porque usó mejor tecnología y evitó el choque directo, cuerpo a cuerpo.

Shapiro y su socio Mark A. Jankowski[78] en su libro *Bullies, Tyrants & Impossible People: How To Beat Them Without Joining Them,* que en castellano se publicó con el título *Jefes, tiranos y ejecutivos agresivos. Cómo tratarlos sin ser como ellos*[79]. En ese libro se clasifican las personas difíciles en tres categorías:

1. **Por constitución,** aquellas que lo llevan en los genes.
2. **Por situación,** aquellos que, influenciados por circunstancias externas, adoptan una actitud impresentable, incluso de forma inconsciente.
3. **Por estrategia,** aquellos que, por algún motivo lícito o ilícito, tienen interés en que se rompa la negociación o en que un proyecto no avance.

El libro, de forma entretenida, explica cómo identificarlos y qué estrategias pueden aplicarse para hacerles cambiar de actitud a fin de poder avanzar o alcanzar un acuerdo. Los más difíciles y los más peligrosos son los intratables, por estrategia, porque toman la decisión de serlo y lo utilizan de forma malévola. Los intratables por constitución son como un toro de lidia: se les ve venir y es posible torearlos. También se puede utilizar con ellos la técnica del dentista: antes de que empiece, el paciente lo sujeta por cierta parte y le dice: «¿Verdad que no nos haremos daño doctor?».

Frente a los intratables por situación, es decir, circunstanciales, hay que averiguar qué sucede, entenderlos y buscar conjuntamente la mejor opción. En

---

[78] Shapiro y Jankowski son fundadores del Shapiro Negotiations Institute, www.shapironegotiations.com

[79] Una traducción más literal sería: «Matones, tiranos y gente imposible, cómo ganarles sin unirte a ellos».

un proceso de innovación es muy habitual encontrarse con intratables circunstanciales; ¿quién no se defiende si intuye que con el proceso pueden perder el puesto de trabajo? El miedo al desempleo es muy fuerte, muy humano y, por tanto, muy comprensible. No son buenas ideas hacerse el harakiri ni forzar a alguien a hacérselo. Pensar que habrá que trabajar en algo diferente o asumir un nuevo rol puede presentarse como una dificultad infranqueable, pero también puede ser una oportunidad para hacer cosas nuevas o recuperar ilusiones aparcadas, aspecto que hay que saber mostrar.

Mediación

No es bueno en una negociación o en un conflicto tirar a alguien contra las cuerdas, dejarlo sin una salida digna. Este aspecto fue clave para resolver favorablemente una de las negociaciones más críticas de la historia de la humanidad, la Crisis de los misiles de Cuba, en octubre de 1962, cuando el mundo estuvo al borde de una confrontación atómica. Frente a personas, en los dos bandos, que buscaban la guerra y la destrucción, los partidarios de evitarla consiguieron tejer un acuerdo equilibrado, dando una salida digna a los soviéticos, al proponer la retirada de los misiles Júpiter de

> La mediación es como apoyarse en la banda cuando se juega al billar y no es posible efectuar una carambola directa.

medio alcance desplegados por Estados Unidos en Italia y Turquía. El acuerdo permitió desactivar la tensión y enfriar la situación sin que ninguna de las partes, Kennedy y Khrushchev, tuviera que reconocer la derrota. También fue muy importante, aunque es un aspecto que muchos historiadores y analistas pasan por alto, la mediación del papa Juan XXIII, quien creó un puente y un canal paralelo de comunicación entre Washington y Moscú. La mediación es como apoyarse en la banda cuando se juega al billar y no es posible efectuar una carambola directa. El análisis de esta crisis y de su resolución es apasionante y vale la pena ver una magnífica película[80] que se ha hecho al respecto. Sin duda, y para bien de todos, fue un gran éxito y debemos aprender mucho de ello.

Construir una puesta en escena adecuada

Otro aspecto que desaconsejo cuando se llevan a cabo negociaciones complicadas es el exceso de puesta en escena, los dos bandos enfrentados en una mesa con demasiados asistentes. Los espectáculos son para las celebraciones, no para los procesos de negociación. La única estrategia de película que aconsejo es la de policía bueno, policía malo; parece mentira, pero sigue funcionando. Consiste, como es sabido, en que dentro del mismo bando hay una posición más intransigente y otra más dialogante.

---

[80] *Trece días* (*Thirteen Days*, 2000), protagonizada por Kevin Costner y dirigida por Roger Donaldson.

Contratos

Por desgracia los acuerdos hay que plasmarlos por escrito. Lo de darse la mano —como dicen que se hacía antes— ya no es posible, hay demasiado riesgo de malentendidos. Por tanto, no hay más remedio que redactar un contrato y firmarlo, lo cual no deja de ser un problema, sobre todo cuando entran las asesorías jurídicas de las partes y las lecturas literalistas. Un acuerdo tiene cuerpo y espíritu. Tiene una parte material, que se escribe en un documento, pero también hay un espíritu del contrato, que suele ser difícil de plasmar por escrito; incluso en ocasiones no debe hacerse y allí surgen las dificultades. Todavía existen, son necesarios y hasta se cumplen, los «acuerdos de caballeros». Apunto que quien redacta el contrato siempre parte con ventaja.

Los buenos acuerdos tienen que durar y servir para establecer relaciones a medio o a largo plazo. No se puede estar renegociando las reglas del juego una a una. Si los acuerdos son buenos de verdad se introducen en un cajón y no vuelven a salir de él. Cuando alguien pregunta qué dice el contrato sobre algún asunto, mala señal.

Ideas claras y distintas sobre negociación

En resumen, el éxito en una negociación está en alcanzar un acuerdo equilibrado ganar-ganar y para ello hay que:
- Trabajar el tema más que el adversario o el contrincante —que no enemigo—.

- Hay que empatizar, entender la posición del otro, ponerse en su lugar.
- Seducir a las asesorías jurídicas de ambas partes, que siempre son las que tienen las posiciones más extremas, probablemente a causa de su praxis profesional.
- Priorizar los contactos uno a uno, la corta distancia. Como dice un frívolo anuncio de colonia, sucede en las negociaciones, que nos la jugamos en las distancias cortas.
- Ser imaginativo y creativo.
- Usar mediadores. Buscar canales de comunicación indirectos.
- Redactar todos los documentos, actas, contratos y acuerdos. Quien redacta siempre tiene ventaja. La mejor defensa es el ataque. El individuo activo siempre está en mejor posición que el reactivo.
- Los peores enemigos son los del propio bando.

22. Formación y autoformación

Leer es muy barato.

Cuando hacemos una innovación no solo hay que venderla, sino que hay que explicar, muy bien y a fondo, por qué queremos innovar en ese asunto concreto y mostrar cómo hay que actuar para obtener el máximo beneficio de ella. No sirve de nada una innovación si no se utiliza correctamente o se usa de forma parcial e incorrecta.

Este es un error típico en proyectos relacionados con las tecnologías de la información. Se cree que el usuario aprenderá por sí solo y sin hacer nada. De hecho, muchos proveedores *venden* que así sucederá. Aunque algo sea muy fácil de aprender hay que motivar a que se aprenda y a que se use. Es decir, hace falta formación. La formación está muy relacionada con la venta; cuando formamos en algo novedoso, innovador, también lo estamos vendiendo.

La formación tiene que ser adaptada a los alumnos, no sirve la misma para todo el mundo. Recordemos que hay que adaptar el mensaje al receptor. Por ello, una buena estrategia para conseguir que la innovación propuesta triunfe en una organización es formar formadores, localizar líderes naturales en todos los departamentos y capacitarlos, no solo para dominar los nuevos sistemas, sino también para que formen a sus compañeros. La razón es muy sencilla: esos líderes naturales son muy influyentes en su entorno, se sitúan en el mismo nivel que sus compañeros y hablan el mismo idioma. El consejo de un amigo, de un igual, siempre entra mejor que el de un maestro o un padre.

En la mayoría de los proyectos se produce el error garrafal de no contemplar en el presupuesto una partida para formación o de establecer una simbólica. Hay que invertir en formación; y no solo hay que dedicar dinero, sobre todo se requiere tiempo. Hoy en día es posible disminuir mucho los costes utilizando herramientas de colaboración, organizando *webseminars* o haciendo uso del video.

Learning organization

La formación no solo es importante en el marco de un proyecto o de un cambio; de hecho debería ser un *continuum*, un *on-going*. El concepto que mejor lo explica es el de *learning organization*[81], desarrollado por el científico norteamericano Peter Senge en su libro *The Fifth Discipline: The Art & Practice of The Learning Organization*. Es interesante observar que Senge tiene una formación de ciencias y de letras, en ingeniería aeronáutica y en filosofía.

No solo es una práctica muy recomendable implantar la costumbre de realizar aprendizaje continuo en una organización, sino que, seguramente, es imprescindible para sobrevivir. Una organización que promueve que todos sus miembros adquieran de manera regular nuevos conocimientos y los compartan con sus compañeros de todos los niveles está mucho

---

[81] en.wikipedia.org/wiki/Learning_organization

mejor preparada y permanece alerta para adaptarse a los cambios y así continuar siendo competitiva.

Superar las carencias formativas leyendo

Seamos conscientes de que hay muchas cosas que desconocemos a nivel individual y colectivo. La formación que hemos recibido, tanto la humana como la académica, es manifiestamente imperfecta; me atrevería a decir que muy limitada, con carencias muy graves. Como cambiar el sistema educativo no está a nuestro alcance y volver al colegio no tiene sentido, vamos a centrarnos en lo que se puede hacer. La buena noticia es que si uno quiere puede mejorar permanentemente su formación y sus conocimientos y los de su familia o los de su equipo. Es muy fácil y económico: se consigue leyendo libros interesantes y practicando las recomendaciones que contienen. Promovamos el hábito de la lectura.

Además de los libros citados en todos los capítulos de este libro he añadido en la bibliografía una lista de libros no expresamente citados y una relación de autores recomendados.

Leer un libro es un chollo, ya que tiene una magnífica relación entre coste y prestaciones. Por otra parte, se puede leer cuando nos desplazamos de un lugar a otro, en el lavabo, a ratos perdidos. José Antonio Marina, definió el concepto «trapero del tiempo», refiriéndose al aprovechamiento de los tiempos perdidos. De hecho, para escribir este libro, he aplicado este concepto, muchos capítulos los he escrito a ratos, cuando he podido o cuando me ha apetecido o cuando he tenido un bajón de trabajo. Hubiese sido mejor encerrarme a escribirlo y tendríamos un libro mejor, pero eso me resultó inviable debido a mis obligaciones personales y profesionales. Aplicamos el refrán castellano «lo mejor es enemigo de lo bueno», y por esto hay libro.

Un libro cuesta entre diez y treinta euros en formato impreso, y de uno a nueve en formato electrónico. Hacer un máster en *business administration* vale, más o menos, treinta mil euros de matrícula anual más un año de ingresos, que serían unos treinta mil euros brutos en el caso de un recién licenciado; por tanto, un máster de un par de años supone no menos de ciento veinte mil euros (120.000 €), que equivalen a entre cuatro mil libros (de treinta euros) y ciento veinte mil (de un euro). Es obvio que no es lo mismo un máster que unos libros; en una clase, con un buen profesor y con interacción con los otros alumnos, se puede aprender mucho, e indiscutiblemente, de forma más cómoda, pero en cuatro mil libros hay mucho conocimiento, más de lo que explican en ninguna escuela de negocios, por muy sexy que sea ser *alumni* de una de ellas y muchas relaciones (*networking*) que se hagan. Recuerde que los ciento veinte mil euros habrá que amortizarlos. La relación entre coste y prestaciones es mejor en el hábito de la lectura que en efectuar un máster de dos años; los inconvenientes son que requiere más fuerza de voluntad y no tiene tanto *glamour*, pero es más eficiente. No todo el mundo puede cursar un máster o asistir a caros seminarios, pero los libros y otras publicaciones sí que están al alcance de todos.

Por otra parte, creo que estamos exagerando en el asunto de la formación académica, se prolonga demasiado. No es bueno incorporarse a la vida laboral a los treinta años. Es mucho más formativo, interesante y divertido trabajar, enfrentarse a problemas reales, no a casos o *powerpoints*. En las presentaciones de PowerPoint no te topas con *destroyers* o con intratables. Siempre hay que estar aprendiendo, pero a partir de un momento dado, esto hay que hacerlo en paralelo con el desarrollo de una carrera profesional o abordando un proyecto real. Conferencias, congresos, ferias, jornadas o seminarios de uno o pocos días de duración también sirven para aprender mucho.

Limitaciones formativas a superar

A continuación apunto brevemente algunas de las carencias en formación básica que tenemos y que considero más importantes.

> La herramienta más poderosa que tenemos es el cerebro.

La mayoría de las personas al acabar los estudios secundarios no disponemos de un mínimo de base filosófica, y esto sucede en contra de toda lógica, ya que las ideas son muy poderosas. Las ideologías mueven el mundo. Estudiar filosofía, occidental y oriental, enseña a pensar y a razonar. Las personas piensan; los vegetales, no. La herramienta más poderosa que tenemos es el cerebro. Las personas piensan en función de su filosofía de vida y de su cultura. Por ejemplo, para hacer negocios con Oriente hay que saber cómo razonan por aquellos lares, qué los motiva.

Tampoco tenemos ni idea de psicología, la damos por supuesta. No es lo mismo la psicología de una mujer que la de un hombre. Es simple: biológicamente son distintos y psíquicamente también. Saber psicología es una gran ventaja competitiva. Creemos que se aprende sola, que la vida nos enseña, pero nos falta base teórica.

Que los idiomas son importantes, especialmente el inglés, no hace falta decirlo, pero es que, como enseñan los neurolingüistas, resulta que cada idioma utiliza una parte diferente del cerebro, por lo que cuantos más idiomas hablemos más gimnasia mental hacemos. Estudiar idiomas es un factor exponencial de crecimiento personal.

Nos han educado con una visión más bien negativa, incluso muy negativa. Espero que al inculcar esa visión, la mayoría de los tutores y profesores no sean conscientes de que lo hacen, pero es así: una pena. Se educa para evitar la equivocación («cuidado no hagas nada malo»), pero no se educa para crear, para construir, para innovar. Estamos tan preocupados de no hacer nada malo que nos olvidamos de hacer cosas buenas o no nos atrevemos a hacerlas.

Hábitos

Siempre deberíamos estar aprendiendo, de una forma o de otra; adquiramos, pues, ese hábito. Pero todavía más importante es adquirir el hábito de pensar y de razonar. Cada uno debe desarrollar su propia sabiduría, llegar a elaborar sus propias conclusiones. Para ello hay que analizar la realidad, y fundamentar bien los conocimientos y las creencias. Asimismo, es necesario entrar en un círculo de mejora continua, en un círculo virtuoso, y no darse nunca por satisfecho con lo que ya se sabe. Sin agobiarse, hay que adquirir el hábito de formarse sin fin. Como en el anuncio que publicó hace años una conocida marca de zapatillas deportivas, «*There is no finish line*», con relación a la sabiduría, la meta no existe.

Constancia

Para aprender y comprender ciertos conceptos hace falta tiempo. Como una fruta necesita un tiempo de maduración, también los conocimientos lo requieren. Cada persona tiene su ritmo de aprendizaje: unos necesitan más y otros menos, en función del asunto que se trate. Para adquirir nuevas virtudes y deshacerse de malos hábitos todavía hace falta más tiempo y más esfuerzo que para adquirir conocimientos. Son procesos que transcurren en paralelo. Generalmente la gente más sabia es más virtuosa. La virtud es muy inteligente. Lo que no es muy inteligente es creer que se sabe mucho o que se es el mejor o, incluso, superior a los demás, porque eso nunca es verdad. Por lo tanto, no es una actitud sabia.

Insisto en que lo verdaderamente importante es aprender a pensar. Es decir, hacer gimnasia mental, ya que muchos conocimientos se vuelven obsoletos, pero los buenos hábitos y los valores siempre

> Las personas piensan; los vegetales, no.

sirven[82]. La legislación cambia y la tecnología evoluciona.

Apreciar la sabiduría

De Salomón ya hemos elogiado su gran capacidad de mediar y resolver asuntos complicados, pero también vale la pena mencionar que Salomón en una ocasión le pidió a Dios sabiduría en vez de poder y riquezas, y a Dios le gustó tanto la petición de Salomón que le concedió ese don; y por añadidura, tuvo poder y riquezas[83]. Hasta cuando rezaba, Salomón rezaba con inteligencia. Ruego a Dios que nos dé a todos sabiduría porque se observa una gran falta de ella. A la sabiduría también se la puede llamar «sentido común» y su falta es un déficit transversal, que se encuentra uniformemente distribuido en todos los sectores, niveles y grupos de nuestra sociedad y de todas nuestras organizaciones.

---

[82] En el capítulo 21, sobre negociación, se transcribe el salmo 127 que nos dice que gracias a los «hijos de la juventud» no seremos confundidos en los litigios. Autores espirituales consideran que los hijos de la juventud son los buenos hábitos.

[83] I Reyes 3, 5-14.

23. Gestión de reuniones

> *Si quieres que algo no funcione, crea un comité.*
> Napoleón Bonaparte

Las reuniones son difíciles de gestionar. Además sufrimos una epidemia de *reunionitis*. De una reunión mal preparada puede salir cualquier cosa, por lo que no se pueden dejar nunca libradas al azar. Son como caballos por domar: hay que atarlos en corto para que no se desboquen. Para que una reunión tenga éxito hay que aplicar una metodología estricta y fijar un objetivo; definir un orden del día en el que se establezca la hora de inicio y la de finalización, como el contenido de la reunión. Al acabar, hay que redactar de inmediato, en caliente, el acta con las conclusiones y enviarla, ya que si no se hace así, a los pocos días nadie se acuerda de lo tratado; es más, a algunos les estamos facilitando una excusa magnífica para no querer acordarse. Nunca hay que dar por supuesto que se cumplirá lo acordado en una reunión; habrá que perseguirlo y exigirlo.

Participantes en exceso

Para que quede claro antes de avanzar, a mí no me gustan las reuniones. Considero que se hacen demasiadas, con exceso de asistentes, incluso algunos

> Las reuniones no se deben improvisar.

de cuerpo presente[84], y, casi siempre, están muy mal preparadas. Cuanta más gente asista a una reunión peor irá. Pese a ello, algunas empresas se empecinan en mandar casi una división de personas, sin darse cuenta de la mala imagen que ofrecen. Pongamos un ejemplo real: un proveedor que visita a un potencial cliente con un gran potencial de negocio, y por tanto, piensan que habrá que mostrar mucho interés, para ello no se les ocurre otra cosa que organizar un gran desembarco de personas en la casa del pobre cliente. No se dan cuenta de que darán la impresión contraria a la deseada; el cliente pensará que están mal organizados, que les falta coordinación y comunicación interna y que tiene los equipos sobredimensionados. El cliente, si es observador, detectará los signos de ineficiencia y pensará: los sobrecostes que este proveedor soporta los terminaremos pagando nosotros. En caso de duda, en las reuniones siempre es mejor ser uno de menos.

Objetivo de una reunión

Estamos convencidos de que las reuniones sirven para tomar decisiones, negociar acuerdos, obtener información o dar instrucciones y realmente pueden llegar a aparentar muy bien que esa es su razón de ser. Pero en realidad no son el lugar adecuado ni para *hacer* decisiones, ni para negociar nada serio, ni para obtener información, tampoco son el mejor lugar para dar instrucciones.

---

[84] Es decir, tiene la mente en otro lugar.

Las reuniones tendrían que tener solo dos posibles objetivos: motivar o celebrar.

Una reunión tendría que ser algo así como un acto social en el que todos los participantes manifiesten su acuerdo con lo que expone quien la lidera, con todas las decisiones y acuerdos serios establecidos de antemano. Las reuniones que salen bien son las que son un puro formalismo.

De diferentes tipos de reuniones propias de un proyecto, de lanzamiento, de seguimiento o de toma de decisiones, vamos a comentar su objetivo declarado y el que sugiero que tengan para que sean un éxito.

Por ejemplo, en las reuniones de lanzamiento de un proyecto la agenda fijará que se informará de su alcance y de su objetivo, del calendario, de la metodología y del rol de cada participante y todo eso está muy bien, pero no hace falta una reunión para ello, es más, son aspectos que ya deberían conocerse con anterioridad a la misma, para mí el objetivo real debe ser el de «colocación de la primera piedra», es decir, un acto social y motivacional que ayude a que el equipo de trabajo se conozca mejor y les sea más fluido cooperar entre ellos.

En las reuniones de seguimiento la convocatoria dirá que se trata de comprobar que se están obteniendo los objetivos y que no se estén produciendo retrasos o descoordinaciones, pero lo estaremos haciendo muy mal si esperamos a celebrar una reunión para conseguir esa información. El objetivo real es mantener la motivación del equipo y la cooperación entre sus integrantes, evitar la creación de silos aislados.

En las reuniones de toma de decisiones, nunca debe ni tomarse ni siquiera discutirse una decisión, no será buena, se pueden acumular muchas vibraciones negativas. Ese tipo de reuniones deberían ser solo para celebrar que se ha alcanzado un acuerdo o se ha construido una decisión.

He asistido a reuniones en las que se toman decisiones contrarias a toda lógica, solo porque la *autoridad competente* quiere o necesita reafirmarse decidiendo todo lo contrario de lo propuesto por el equipo de trabajo. Son reuniones en las que el equipo tiembla y quien lleva la contraria cae en desgracia; casi nadie se atreve a proponer nada. Romper una reunión es muy fácil, solo hace falta comportarse como un intratable, tal como hemos comentado en el apartado de negociación, hay que aprender a gestionar y tratar con intratables. En la siguiente tabla podemos comparar el objetivo declarado y «oficial», y el que debería ser, aunque no se pueda decir.

Tipo de reunión	Objetivo oficial	Objetivo real
Lanzamiento	Informar del objetivo y alcance del proyecto	Motivar al equipo a que trabaje conjuntamente
Seguimiento	Comprobar que se están consiguiendo los hitos y evitar descoordinaciones	Mantener al equipo motivado y cohesionado
Toma de decisiones	Tomar una decisión	Celebrar que se ha alcanzado un acuerdo

Uno a uno

El líder de la reunión, quien la convoca y la gestiona, tiene que trabajársela antes de celebrarla. Las reuniones a las que se va a discutir, al enfrentamiento, al choque de trenes, son un desastre. Es mejor no convocarlas. Si hay dificultades en un proyecto hay que resolverlos antes y en *petit comité*. Cuando hay demasiada gente no se habla con toda la sinceridad necesaria ni con total transparencia. Muchas personas se sienten incómodas, no saben comunicar malas noticias o incumplimientos, no pueden transmitir la verdad si esta es amarga. Una reunión no debería ser una cámara de tortura para nadie y hay que evitar que alguien quede en evidencia. Una cosa es despachar y otra reunirse con el equipo.

Si explota una bomba en una reunión es porque se está haciendo algo muy mal. Hay que detectarla anticipadamente y desactivarla. Si se tiene que comunicar una mala noticia, hay que comentarlo antes con los jefes y los implicados, que no los coja por sorpresa. Si hay que plantear un problema, no se puede contar solo el problema; hay que plantear también la solución.

Las cosas importantes de verdad se discuten con máxima discreción: tomándose un café en el bar de la esquina o en una mesa de trabajo. La información valiosa no surge en una reunión, por mucho que se intente. Una anécdota ilustrativa. En una ocasión me invitaron a un debate privado en el que para que la gente se sintiera cómoda y expresara sus opiniones nos hicieron saber que se regiría bajo la *Chatham House Rule*[85], una regla establecida en 1927 y redefinida en 2002 y que permite utilizar la información o las opiniones vertidas en un encuentro, siempre y cuando no se identifique a quien la ha emitido, cosas

---

[85] http://www.chathamhouse.org/about/chatham-house-rule

de la diplomacia británica y de los negocios internacionales. Doy fe de que el moderador se tomó el asunto muy en serio. A mí me pareció que todo lo que se dijo era interesante, pero de dominio público de todos los asistentes, y no me pareció que nadie se sintiera incómodo y no creo que fuera porque se aplicara esa regla. Era un debate sobre redes, ¡qué pena que no se tratara de negociar un contrato multimillonario! Sin duda, la puesta en escena fue magnífica, lo cual es inversamente proporcional a la importancia de una reunión. Las buenas reuniones son en los bares y cuanto más de barriada sean mejor.

Reuniones y comidas de trabajo

Uno de mis primeros jefes, antes de convocar una reunión de seguimiento de un proyecto, en la que «tenía» que estar presente un representante de todos y cada uno de los accionistas de la empresa (no se debían fiar de nosotros), me preguntaba cuánto tiempo necesitaríamos para discutir los asuntos pendientes, y en función de mi respuesta, una o dos horas, se fijaba la hora de inicio, de tal forma que acabáramos alrededor de la hora de comer. A esa hora obviamente no se había resuelto nada y generalmente estábamos en medio de un debate encendido, entonces se levantaba imponente —rozaba los dos metros de altura— y proponía ir a comer con la excusa de que a las dos en punto teníamos la mesa reservada en el restaurante de la esquina y llegábamos tarde. El debate disminuía de intensidad en la misma medida en que a los comensales se les llenaba el estómago. Al llegar al café y a la copa, mi jefe proponía un acuerdo, al que por arte de magia no se oponía ningún participante, se pagaba la cuenta, y hasta la próxima reunión, en que se repetía la liturgia. A mí me tocaba redactar el acta y mandarla por fax, eran otros tiempos. Nota: en las comidas de negocio hay que beber poco alcohol y comer ligero, los atracones de vino y comida hay que dejarlos para nuestros clientes o proveedores, con la cabeza despejada se piensa mejor.

Exceso de puesta en escena

Son muy peligrosas las reuniones en una sala de estar. Sentado en un sofá —en algunos casos despanzurrado— y trabajar, me parece incompatible; los sofás son adecuados para negociar otro tipo de acuerdos o hacer otras actividades. Recuerdo el caso de un director general que tenía un tresillo enorme de piel en su despacho y en las reuniones que convocaba organizaba la siguiente puesta en escena: los asistentes se sentaban —se hundían— en el sofá y él se sentaba en una silla, de manera que quedaba muy por encima de sus interlocutores y a contraluz, por lo que era imposible verle la cara. La primera vez quedabas un poco desconcertado, pero a la segunda ya veías que era una puesta en escena copiada de *El gran dictador*, la película de Charles Chaplin, cuando se representa cómo Hitler recibía a Mussolini[86]. Yo no sé si lo hacía ex profeso o no (parecía que sí), pero está claro que

---

[86] www.youtube.com/watch?v=54po0vQ-OqY

si se lee la puesta en escena, aquel hombre no buscaba que sus interlocutores estuvieran cómodos, sino reafirmar su autoridad, pero al sobreactuar ponía de manifiesto su inseguridad: aquello no iba como debería haber ido.

Lista rápida de ideas para afrontar reuniones con éxito

Algunas ideas claras respecto a las reuniones que nos permitirán afrontarlas con más posibilidades de éxito:
- Hay que convocar las mínimas imprescindibles. En caso de duda, no se convoca.
- Si dudamos en invitar a alguien a una reunión, acertaremos no haciéndolo.
- Las reuniones tienen que resolverse por adelantado.
- Si nos tememos una encerrona, hay que tener preparada la respuesta a los diferentes escenarios posibles.
- Hay que convocarlas bien, mediante un orden del día.
- Hay que escribir el acta en tiempo real y distribuirla rápidamente. Quien redacta el acta tiene más poder y obtiene resultados más beneficiosos.
- Reventar una reunión es demasiado fácil, no caigamos en la provocación.
- Las reuniones con mucha puesta en escena son malas.
- No se puede dar por supuesto que se cumplirá lo acordado en una reunión.

24. Desarrollo de proyectos

En la vida casi todo se puede gestionar como un proyecto.

Sobre el desarrollo y la gestión de proyectos se escribe y se discute permanentemente; se hacen magníficos tratados y se imparten multitud de cursos, seminarios, conferencias y *masters*, y, pese a ello, se siguen cometiendo errores garrafales y hay fracasos estrepitosos. Además, es habitual que se disparen los presupuestos y que los calendarios se alarguen *sine die*.

Unos pocos ejemplos de proyectos fallidos: se encargan y se compran trenes que no pueden entrar en las estaciones porque no caben y chocan con los andenes (le ha pasado a la Société Nationale des Chemins de Fer Français [SNCF]); se construyen aeropuertos donde nunca han aterrizado aviones y en algunos casos ni siquiera tienen permiso para hacerlo, como Castellón o Córdoba; se ponen en una órbita equivocada satélites carísimos que tenían que prestar un servicio de posicionamiento más preciso que el actual GPS[87].

Esos casos son solo una pequeña muestra de los muchos incidentes de este tipo que publican los periódicos. A pequeña escala, y en todas las empresas, se producen a diario infinidad de desaguisados, que en su gran mayoría se tapan como se puede y se cubren con un tupido velo.

---

[87] *Global Positioning System*: sistema de posicionamiento global.

Me daba pudor abordar un capítulo sobre este tema, pero se observan tantas malas prácticas que finalmente me he decidido a incorporar cuatro ideas clave.

Para llevar a cabo un proyecto con éxito es imprescindible aplicar un mínimo de orden y una metodología muy básica. Hay que huir de las metodologías engorrosas y del exceso de control. Quien prioriza la metodología por encima de todo lo demás es un mediocre. Se trata de encontrar el equilibrio entre el orden y la creatividad; evitar el exceso de improvisación pero manteniendo siempre un espacio para la intuición. Por otra parte, la metodología no debe aplicarse solamente a proyectos de ingeniería o arquitectura, sino que sirve para casi todo, por ejemplo, para definir un plan de marketing o para comercializar cualquier producto. Las ideas aquí comentadas tienen múltiples aplicaciones, incluso en la vida personal y familiar.

De manera sintética, en un proyecto se pueden establecer cinco etapas:

1. Redacción de un anteproyecto, estudio de viabilidad, plan director.
2. Elaboración del proyecto ejecutivo.
3. Selección y contratación de proveedores.
4. Desarrollo o despliegue.
5. Operación (*on-going management*).

Es importante no saltarse ninguna etapa ni cambiarlas de orden. Puede extrañar que incorpore la operación a un proyecto, pero es obvio que no tiene sentido hacer un proyecto para que no se use, como es el caso del aeropuerto de Castellón, o sin contemplar su periodo de vida.

Anteproyecto, estudio de viabilidad, plan director

La clave del éxito de un proyecto está en las primeras fases. Si ponemos bien los fundamentos, los cimientos sobre los que se construirá el edificio, el edificio se levantará, pero si edificamos sobre arena en vez de sobre roca —como dice la parábola evangélica— el edificio no aguantará las tormentas[88]. Es curioso observar cómo Jesús utiliza esta parábola para referirse a la sabiduría y a la prudencia.

Al empezar un proyecto hay que responder básicamente a dos preguntas: qué y por qué; es decir, cuál es el problema, reto o cambio que debemos abordar y cuáles son las razones que justifican esta necesidad.

Las razones más habituales que generan la inquietud o la necesidad de abordar un proyecto son dos: que no funciona (o lo hace a trancas y barrancas) o que el asunto sale muy caro. Muchas veces concurren ambas circunstancias: algo no funciona y, además, cuesta mucho dinero. Ejemplos de falta de funcionalidad son que no se contesten las llamadas de los clientes o que se extravíen los pedidos. Por su parte, un ejemplo de sobrecoste puede ser que haya aumentado muy por encima de lo presupuestado el importe real de una partida, sin haber aumentado el volumen de negocio.

La correcta definición del problema es imprescindible y muchas veces las primeras preguntas o problemas que se plantean no son los reales. Hay que contrastar toda la información. Recordemos que para

---

[88] Mateo 7, 24-27.

resolver un problema, primero hay que reconocer que existe e identificarlo: «Houston tenemos un problema». Hay que dedicar tiempo y recursos a analizar la situación de partida, a levantar planos *as-built*, tal como está construido, para detectar sus fortalezas y sus debilidades.

Una vez que se ha definido claramente dónde estamos, hay que establecer a dónde queremos llegar; para ello también hay que efectuar un proceso que consiste en comparar la situación actual con la que podría conseguirse utilizando la tecnología, los servicios y los productos que tenemos a nuestra disposición. Es necesario aplicar una mentalidad abierta, *open minded*, buscar y comparar soluciones y alternativas. Para mejorar muchas situaciones no hace falta inventar nada nuevo o investigar, casi nunca se es el primero en afrontar un determinado problema, seguro que otros ya han resuelto situaciones similares y podemos inspirarnos en ellos. Tampoco hace falta cambiarlo todo y mucho menos romperlo: estamos intentando hacer algo de forma más eficiente, no hacer algo completamente diferente. Muchas veces pequeños cambios aportan grandes mejoras. Hay que fijarse en los detalles, son muy importantes.

En la medida de lo posible, ya que los viajes y el tiempo son muy caros, no hay nada mejor que buscar qué se hace por esos mundos de Dios para resolver problemas similares. Va muy bien asistir a congresos y conferencias, visitar ferias internacionales, atender a presentaciones de producto o invitar a los posibles proveedores a exponer sus soluciones e, incluso visitar a competidores si lo permiten. La solución no sale nunca sola, hay que provocar a la inspiración.

Es imprescindible incorporar desde las primeras fases del proceso a las personas directamente implicadas, los usuarios finales, aquellos a los que les puede cambiar su forma de trabajar y su vida, hay que escucharlos, preguntarles, bajar al terreno de juego, compartir su trabajo, pasar tiempo con ellos y detectar donde les duele. Hay que mirar a los ojos como hacían —y todavía hacen— los buenos médicos.

Pero no solo hay que pensar en las personas directamente implicadas, sino que es conveniente invitar a toda la organización a participar en el proceso, porque hoy en día todos los proyectos, en especial los innovadores, afectan a toda la organización: no se trata solo de tecnología sino que es, sobre todo, un cambio organizativo y ahí es donde está el reto. Debemos invitar a la gente de *negocio* y a la retaguardia, fianzas, recursos humanos, compras y marketing, entre otros ámbitos.

En esta primera fase también es importante definir el modelo de desarrollo o modelo organizativo del proyecto, es decir, quién diseñará la solución, quién la instalará o desplegará, quién operará y quién la mantendrá y, finalmente, quién la gestionará y tomará las decisiones operativas.

Por tanto, para elaborar un buen anteproyecto o estudio de viabilidad hay que realizar las siguientes tareas:
- El análisis de la situación actual.
- El análisis de necesidades.
- El preanálisis de alternativas.
- La definición del modelo económico, que debe incluir el modelo de financiación.
- La definición de un modelo de desarrollo del proyecto en el que hay que identificar quién diseña, quién construye, quién opera y, quién dirige.

- La descripción de la solución recomendada.

En resumen, hay que obtener toda la información necesaria para decidir llevar adelante o no un proyecto.

Uno de los resultados del anteproyecto tiene que ser conseguir los patrocinadores necesarios; es decir, conseguir el apoyo de la alta dirección de la empresa o de la organización.

Recordemos una recomendación clave: hay que cuidar mucho la presentación de resultados, el resumen ejecutivo. Tiene que ser claro, concreto, conciso y no usar ni nemónicos ni conceptos excesivamente técnicos que no sean entendidos por personas sin la formación técnica adecuada, ya que no se atreverán a preguntar qué significan. ¡Cuidado con los errores en los números!

Elaboración del proyecto ejecutivo o especificación técnica

Una vez decidido qué tenemos que hacer, debemos determinar cómo lo vamos a hacer para conseguir que el nuevo sistema o los nuevos procedimientos funcionen y se ejecuten correctamente y así obtener los resultados previstos. Para ello hay que redactar un proyecto ejecutivo o especificación técnica, que defina perfectamente:

- Los criterios a partir de los cuales se diseña la solución.
- Los requisitos funcionales (qué tiene que hacer el sistema).
- Los requisitos técnicos.

- Control de calidad y pruebas de aceptación del sistema.
- Los aspectos organizativos. Cómo se opera y cómo se mantiene, tanto de forma preventiva como correctiva.
- Los aspectos administrativos.

Si está bien redactado, ese documento debe permitir solicitar ofertas (por eso también se denomina *request for proposal*, RFP), facilitar su posterior evaluación y servir de referencia para la fase de implantación y aceptación del sistema. Debe, por tanto, especificar claramente todos los aspectos que sean necesarios para implantar con éxito un sistema o solución.

Es un error delegar la confección del proyecto en los instaladores, integradores de sistemas, constructores u otros profesionales similares, ya que si tienen el precio cerrado, intentarán ahorrar por aquí y por allí buscando un margen adicional, lo cual afectará claramente al resultado de la solución final. En mi opinión, el único proyecto que se puede delegar en un contratista es el proyecto de detalle, entendiendo como tal el que recoge los detalles constructivos meramente técnicos: recorridos exactos de canalizaciones, cableados, etc., pero en ningún caso la elección de los aspectos funcionales.

Sobre el grado de detalle al que se debe llegar en los proyectos, hay distintos criterios en función del país. En aquellos donde la práctica más habitual es que el mismo equipo que diseña dirija la implantación, como en España, los proyectos son menos concretos. Por el contrario, en los países en que son dos los equipos profesionales, uno que diseña y otro que dirige la fase de construcción, los proyectos son mucho más completos y detallados, ya que el equipo que dirige la ejecución debe comprender perfectamente qué habían pensado los diseñadores. En mi opinión es más acertada la primera forma de trabajar, es decir, haciendo que el equipo gestor controle todo el proyecto e, incluso, se encargue de dar soporte durante la fase de operación si es necesario.

Selección y contratación de proveedores

Para comprar bien hay que comparar. Siempre hay que tener varias ofertas encima de la mesa, que sean equiparables y comparables. Por ello es tan importante definir qué se quiere comprar, es decir, redactar una RFP/proyecto; si este está bien planteado, no deberían especificarse ni marcas ni fabricantes concretos sino, únicamente, las prestaciones. Así se abre el proceso a más competidores. Hace falta una terna y no mucho más de una terna, como máximo, cinco ofertantes. Si no se trata de un proceso público (que son los que tienen lugar en una empresa de titularidad de la Administración o en la propia Administración), se puede optar por elegir los ofertantes e invitarlos a participar. Si hemos consultado a varios proveedores durante la redacción del proyecto, será fácil seleccionar una terna.

Es muy acertado el procedimiento que siguen ciertas instituciones internacionales, de lanzar una petición de interés (*request for interest*) para, después, seleccionar de todos los que se presenten una lista corta de invitados (*short list*) y abrir un proceso de selección negociado.

Siempre hay que dejar suficiente tiempo para preparar una buena propuesta. Es un mal síntoma cuando se da muy poco tiempo para responder a una petición de ofertas, ya que denota precipitación y falta de previsión; además, produce cierta impresión de que ya hay una decisión adoptada e, incluso, puede inducir a pensar que hay corrupción.

Es una buena práctica mantener la comunicación abierta durante todo el proceso de selección, ya que siempre surgirán dudas o propuestas interesantes. Hay que incentivar a que las propuestas de mejora se produzcan, puesto que sirven para evaluar el interés del ofertante, valorar su creatividad y su saber hacer (*know-how*); pero hay que tener en cuenta que si no se le invita expresamente es muy raro que un ofertante ose contradecir, corregir o proponer algo a un posible comprador. Es una mala práctica demasiado habitual. Si se es ofertante y se dispone de una idea brillante o una funcionalidad rompedora, hay que proponerlo con diplomacia; quedarse callado es la peor opción.

En el caso concreto de procesos públicos hay que ser cuidadoso con facilitar la misma información a todos los ofertantes. En estos entornos aconsejo efectuar una sesión abierta para atender todas las dudas y, al finalizarla, enviar por escrito las contestaciones a todos los interesados.

Una vez recibidas las ofertas, se seleccionan las tres mejores, se analizan a fondo y se invita al ofertante a defender su propuesta y a resolver las posibles dudas que hayan surgido.

A excepción de un concurso público en el que el peso de la adjudicación recae sobre el precio, nadie presenta su mejor precio de entrada. Lo ideal es moverse en una franja intermedia —en el aspecto precios va bien ser de centro—. El que lo presenta muy alto corre el riesgo de verse descartado a las primeras de cambio. Hace unos años pasaba lo mismo con el que ofertaba muy bajo (se llamaba «baja temeraria»); con la crisis esta buena práctica casi ha desaparecido y después aparecen conflictos como el del canal de Panamá y la constructora Sacyr, cuya oferta era escandalosamente más baja que la del resto de ofertantes.

No es solo muy aconsejable, sino imprescindible, entrar en una ronda de negociación. Para ello nada mejor que exigir precios desglosados (habrá que indicarlo en el documento de petición de ofertas). Comparando partida a partida, precio unitario a precio unitario, se pueden observar fácilmente las diferencias de criterio que utilizan unos y otros. Cualquier detalle puede utilizarse para evaluar a un posible suministrador, sobre todo si se va a trabajar con él muchos años. La buena presencia de su equipo humano es crítica, tanto de comerciales como de especialistas. Asimismo, es imprescindible valorar la calidad de su oferta, si es clara, concreta y concisa. Hay ofertas horribles y que por desgracia no se descartan al principio por el logo que las acompaña. Demasiados juegan a que su posición de dominio les permite esas imperfecciones; pero en algún momento dejará de ser así; todos los imperios, también los empresariales, caen y otros muchos ya no son lo que eran.

Una señal para saber si se ha alcanzado un buen precio es si al final de las rondas de negociación se dispone de varias ofertas muy ajustadas económicamente; o, mejor dicho, que presenten una relación coste/prestaciones similar.

Cuando los proyectos son técnicamente muy complejos o muy innovadores, hay que tener cuidado con ser el primero en algo que no sea el foco de negocio de la empresa. Es bueno llevar a cabo una prueba piloto, con los dos candidatos finalistas (a veces basta con uno) y ligar la elección final a los resultados de esa prueba.

Una vez seleccionado el ofertante es imprescindible plasmar los acuerdos en un contrato. Lo que no es nada fácil. La redacción de ciertos contratos, de obras o servicios y de proyectos tecnológicos puede prolongarse durante meses e incluso años. Se han comentado más aspectos al respecto en el capítulo de negociación.

Un truco para ganar tiempo es incorporar una propuesta de contrato o, al menos, las cláusulas más críticas, en el documento de petición de ofertas. También se les puede solicitar a los ofertantes que adjunten su contrato tipo.

Hay que tener en cuenta que retrasar la elección y contratación de un proveedor en proyectos de cierta envergadura, económica o tecnológica, le resta credibilidad al proyecto en sí, a la empresa y a las personas que lo dirigen. La pérdida de credibilidad es absoluta si al final no se implementa el proyecto. Hacer trabajar gratis a profesionales para luego cancelar un proyecto es una falta de respeto y casi un robo. Una cancelación tiene que deberse a motivos muy graves y muy justificados. De lo contrario, en la próxima ocasión y con menos crisis, igual no encontramos candidatos a colaborar con nosotros.

Despliegue. Dirección de obra y control de calidad

Una vez contratado el proyecto, hay que comprobar que se ejecute lo contratado (todo lo que se ha reseñado en el pliego de condiciones) y en el tiempo previsto; según el dicho popular, que no nos den gato por liebre.

Para el éxito de un proyecto es primordial cómo se lleva a cabo la dirección de la fase de implantación o despliegue (tareas que también se conocen como «dirección de obra»), pero sobre todo son críticas las pruebas de aceptación y de control de calidad.

El control de calidad no debe dejarse para cuando se llegue al final de la implantación, sino que es una tarea que transcurre en paralelo a su desarrollo, ya que hay aspectos que entonces no se ven porque han quedado ocultos. Así, por ejemplo, los cimientos del edificio no se ven cuando el edificio ha finalizado, por lo tanto es muy aconsejable que alguien cualificado esté regularmente comprobando cómo se desarrolla todo el proceso de construcción e implementación, en el caso concreto del edificio, por ejemplo, comprobando la densidad del cemento utilizado en los cimientos. Efectuando pruebas parciales es más fácil que al final funcione todo el conjunto de forma armónica y se obtengan los resultados esperados.

Pueden efectuarse dos tipos de pruebas: en el laboratorio o la fábrica y en una situación real de operación. Sin menospreciar la necesidad de efectuar múltiples pruebas en laboratorio, la prueba definitiva es una prueba de carga, como la de estacionar una fila de camiones cargados en el puente y comprobar que la estructura resiste. Las pruebas de carga no solo tienen que efectuarse en ingeniería civil, también deben llevarse a cabo en otros sistemas industriales y, sobre todo, en sistemas de tecnologías de la información y las telecomunicaciones. ¡Cuántas veces hemos oído hablar de que una web se colapsó el día de la inauguración! A todo el mundo le hace gracia, y hasta se utiliza el hecho como propaganda gratis, pero si se quiere y se toman las medidas adecuadas puede evitarse.

Recuerdo que en una ocasión, dirigiendo un proyecto en un país germánico, de los de seriedad contrastada, indiqué que íbamos a empezar a hacer pruebas. Entonces, uno de los técnicos, de proporciones físicas considerables, me dijo en inglés, muy molesto y con acento alemán, que ellos no se equivocaban nunca; eso impone lo suyo. El buen hombre debía de preguntarse qué demonios le pedía el españolito. Le dije que allí el responsable era yo y que solo me habían contratado para garantizar que el sistema funcionara a la mañana siguiente y que empezara a probar. Y se cumplió la ley de Murphy, pero al revés para mí: la conexión falló. Yo no tenía ninguna intención de dejar al buen hombre en evidencia, pero aquello falló y, obviamente, terminó comprobando todas las conexiones sin rechistar. Al acabar nos fuimos todos a tomar unas cervezas, que por cierto son muy buenas por esa zona, y a reírnos un rato.

En otra ocasión estábamos probando un centro de atención a clientes muy novedoso, tanto que era la primera instalación en España de un *software* desarrollado por ingenieros y matemáticos rusos y ucranianos que se habían instalado en California aprovechando la Perestroika y que, al poco tiempo, se hicieron multimillonarios vendiéndoselo a una gran multinacional a la que le costaba innovar como a todas las grandes[89]. Hicimos una primera prueba de carga con media empresa llamando desde su casa y la otra media contestando el teléfono. Duramos segundos antes de que el sistema se colapsara, pese a que se habían sobrepasado con éxito todas las pruebas de laboratorio y simulación; necesitamos unos cuantos meses más y otras tantas pruebas de estrés hasta que conseguimos que el sistema funcionara correctamente. Unos años después ejecutamos una actualización de *software* y, confiados, no ejecutamos ninguna prueba de carga. Al cabo de unos días llegó la campaña de principios de año[90] y el sistema no aguantó la carga; se vino abajo y a mí se me acabaron de golpe las vacaciones de invierno, de la pista de esquí a la empresa sin paradas intermedias. Resultó que un parámetro estaba mal dimensionado y limitaba el número máximo de conversaciones simultáneas, por lo que se colapsaba el sistema. Lección aprendida, cuando se cambia una pieza importante, hay que volverlo a probar en condiciones de máximo estrés.

Es necesario tener en cuenta que las migraciones, pasar del sistema o procedimiento viejo al nuevo, siempre son complicadas, hay que planificarlas detalladamente y ejecutarlas con mucho cuidado. Las soluciones provisionales o transitorias son inestables y difíciles de gestionar. Mantener dos sistemas con la

---

[89] Ahora vuelve a ser una empresa autónoma; parece ser que la multinacional los encorsetaba.

[90] En ese centro durante el mes de enero era cuando se producía el pico de llamadas entrantes.

misma función en paralelo es un sobreesfuerzo. Los electrónicos sabemos que en el tránsito, durante la puesta en marcha de un equipo, es cuando más componentes se queman. Mucho cuidado con los periodos transitorios y con los arranques en falso.

Una frase que no debería pronunciarse nunca durante la fase de prueba es «no funciona nada», porque genera malestar y nerviosismo; hay que evitar los mensajes catastrofistas. Además, siempre es mentira; el sistema no funciona porque hay un componente crítico que falla, hay que localizarlo y resolverlo. Una vez resuelto, hay que volver a pasar la batería de pruebas, porque, especialmente en tecnologías de la información, un error enmascara a otros.

> Nunca es verdad que no funciona nada.

Cuando se finaliza la puesta en explotación de un nuevo sistema (que no es lo mismo que el final del proyecto) hay que celebrarlo. Los proyectos innovadores y que representan cambios importantes hay que inaugurarlos. Suele hacerse poco. Solo se inauguran las cosas muy grandes y, generalmente, con poca presencia de los que más han colaborado. Sobra entrega de medallas a los que no han participado y faltan abrazos a los que se han dejado la piel.

> Sobra entrega de medallas a los que no han participado y faltan abrazos a los que se han dejado la piel.

La inauguración es una parte muy importante de la promoción —tanto interna como externa— de un proyecto innovador. Hay que cuidarla y ser generoso con el cóctel. Cuando algo sale bien hay que celebrarlo y explicarlo. Si el proveedor pide redactar un caso de éxito o llevar de visita a potenciales clientes no hay que decirle que no.

Y después, a descansar unos días y a asumir el siguiente reto.

Operación

Cuando un sistema está operativo, no solo hay que mantenerlo funcionando correctamente, sino que, sobre todo, hay que efectuar un seguimiento de los resultados que se están obteniendo.

Hay dos niveles de mantenimiento, el preventivo, para evitar que se produzcan averías, y el correctivo, para reponer el servicio cuando se ha producido una incidencia.

Al poco tiempo de vida de un sistema, habrá que abordar ajustes y reajustes, para resolver errores o ineficiencias que se detecten con la práctica diaria. Por ejemplo, en soluciones tecnológicas —en el mundo de las aplicaciones *software*—, muchas veces los usuarios utilizan las herramientas de forma diferente a como los analistas lo habían pensado. Por eso, en el modelo de explotación debe contemplarse cómo se administrará el nuevo sistema y quién tiene autoridad para decidir implantar cambios y ajustes.

Por otra parte, las cosas no van solas. Hay que estar encima de ellas para que no se degraden. Es importante conseguir que vayan evolucionando. Siempre es mejor subir una montaña por la ladera más suave y poco a poco que no afrontar una pared vertical. Si no subimos cada día un poquito al final nos encontramos con la mítica pared del Eiger[91]; es más inteligente subirla en el tren cremallera de la Jungfrau[92] que escalándola. El resultado buscado es el mismo, llegar a la cima. Es decir, lo más inteligente es estar entrenado y superar las dificultades: subir la montaña, poco a poco y por el lado más fácil.

Es un gran error que cuando se ha puesto en funcionamiento una mejora o un nuevo sistema se pare. Se desmontan los equipos de trabajo, en vez de redimensionarlos a la nueva etapa, y se piensa que ya se ha terminado. Se minusvalora la importancia de la gestión del día a día (*on-going management*). Una de las típicas acusaciones que se hacen a las consultoras es que se van después de poner en marcha nuevas aplicaciones organizativas y, si surgen problemas, no quieren saber nada. Es importante que tanto unos como otros, consultoras y clientes, entiendan que hay que alinear los servicios de ingeniería y de consultoría, la tercera pata del taburete, con la vida útil de los sistemas. Siempre aporta valor poder contar con quienes han diseñado los sistemas y las soluciones. Por tanto, hay que constituir equipos de seguimiento y monitorización. Por cierto, las buenas consultoras, las *boutiques* de consultoría, no se van, establecen relaciones a largo plazo con sus clientes.

---

[91] La pared de Eiger es conocida como la pared de la muerte, la pared asesina, la montaña más mortífera de los Alpes suizos. Para superarla no solo hace falta estar muy preparado, sino, sobre todo, bastante loco. youtu.be/Zxb4Oui6m6o

[92] www.jungfrau.ch

25. Gestión de crisis

Lo importante en una crisis nuclear es enfriar el reactor.

En todos los proyectos y circunstancias de la vida se producen crisis y hay que saber gestionarlas. En medio de la tormenta lo importante es que el barco no se hunda, minimizar los daños, procurar salir de ella, o al menos de su parte más activa, lo antes posible. Las tormentas no son eternas, las crisis tampoco, pasan, y entonces hay que recomponerse, reparar daños, recuperar el rumbo y seguir adelante.

Si no recuerdo mal, fue el 1 de marzo de 1988 cuando entré a trabajar en la central nuclear de Ascó, en la provincia de Tarragona, a orillas del Ebro. Entonces tenía veinticuatro años y al cabo de pocas semanas, al volver de comer y pasar los controles de entrada al recinto, aprendí lo más importante que sé sobre la gestión de crisis. La central disponía de un doble anillo de seguridad. El primero se supera al entrar con el vehículo en el recinto. Una vez aparcado el coche, hay que entrar a pie en la central propiamente dicha; para ello había que superar un arco detector de metales y, después, un detector de explosivos; finalmente abrir la puerta con la tarjeta magnética personal. Aquel día, justo en el instante en que introducía mi tarjeta en el lector, se oyó un ruido tremendo y tembló todo. Me quedé absolutamente bloqueado[93] y pensé que quizá yo había hecho algo erróneo. Detrás de mí entraba el jefe de mantenimiento eléctrico, Lluís Olivé, que me pegó un berrido para que me apartara y reaccionara, a la vez que me informaba de lo acontecido: se había producido un disparo del reactor. Al parecer hubo un problema en el transformador de salida y se había incendiado. Al no poderse dar curso a la energía eléctrica generada se había producido una parada automática de la central, las barras de granito del núcleo del reactor habían caído para detener la fusión del uranio y las válvulas del circuito secundario se habían abierto y liberaban a la atmosfera gran cantidad de vapor de agua. Matizo que era vapor de agua no radiactivo, ya que correspondía al circuito secundario que no está en contacto directo con el núcleo del reactor. El *show* impresionaba. El problema es que el asunto no se acababa ahí. Aunque el reactor se apague automáticamente la crisis continúa, porque el reactor está a gran temperatura y si no se enfría se puede fundir; y si se funde, adiós central (eso es lo que pasó, de forma parcial, en la central estadounidense de las Tres Millas el 28 de marzo de 1979; lo que pasó en Chernóbil ya lo comenté en el capítulo cuatro).

Puntualizo que no soy experto en centrales nucleares y solo utilizo la anécdota para ejemplificar lo que quiero explicar. Lo que conozco del tema, lo aprendí durante los dos años que trabajé en Ascó como responsable de las telecomunicaciones, una experiencia muy enriquecedora que reconozco me ha influido de

---

[93] Quedarse bloqueado en una emergencia es malo.

forma muy positiva. Y si una cosa se me quedó grabada en la mente es que cuando se ha producido la parada automática hay que conseguir enfriar el reactor para evitar males mayores. A partir de ahí ya podemos preocuparnos de arreglar la situación. Reaccionar y enfriar son las palabras clave cuando se produce una crisis. Enfriar cualquier cosa requiere tiempo y recursos.

Crisis hay de distintos tipos: económicas, personales, religiosas y familiares, entre otras. Tanto da si las que uno afronta son más o menos intensas y complicadas que las de los demás, son las propias y hay que gestionarlas y superarlas. Todas las crisis tienen una parte interna, personal, y otra externa. Sobre uno mismo se puede actuar, sobre los factores externos, muchas veces no. Sobre las emociones propias se puede actuar; sobre las de los demás, solo se puede influir, y lo mejor, siempre, es enfriar y serenar la situación. Recuerde que lo importante es que no se funda el reactor. Por ejemplo, que no le dé a alguien un infarto. Recuerdo que en la catastrófica inauguración del remodelado Estadio Olímpico de Barcelona, en 1989, un compañero del comité organizador tuvo que ser evacuado en ambulancia al hospital porque al ver el desbarajuste sufrió una crisis de ansiedad; al final solo fue un susto y tres años después, en 1992, las Olimpiadas de Barcelona fueron un éxito que todavía hoy no se ha superado.

Podríamos decir que las personas funcionamos de forma bastante parecida a un reactor. Puede parecer sorprendente pero con una pequeña explicación se verá claro. Una central nuclear es capaz de fabricar gran cantidad de energía eléctrica, que sirve para crear muchísima riqueza y bienestar, pero, al mismo tiempo, es muy complicada y si se rompe, porque no se cuida bien o se usa incorrectamente, puede provocar enormes desastres. Las personas también somos muy complejas, y también tenemos una gran capacidad de creación de riqueza y, en consecuencia, también podemos rompernos u organizar grandes tragedias.

Cansancio generador de crisis

Una persona estresada o la que pretende hacer más cosas de las que puede, se descuida y no descansa lo suficiente; entonces es más probable que se ponga enferma, que se equivoque, que algo se rompa o que repercuta en el trabajo de todo el equipo. Si se disminuyen las tareas de mantenimiento de la central con la idea de obtener más energía, al final se rompe por algún sitio y se produce un disparo del reactor o cosas peores. Las personas también requieren mantenimiento. Covey comenta que el séptimo hábito de una persona altamente eficiente es *afilar la sierra*, es decir, descansar.

Malas prácticas en la gestión de crisis

Hay cosas que no se tienen que hacer al afrontar una crisis. De hecho, es más fácil saber lo que hay que evitar que lo que hay que hacer. Aunque varias de las ideas que propongo a continuación ya se han comentado, creo que vale la pena insistir en ellas; de hecho, los humanos aprendemos a base de repeticiones.

En la magnífica película *Los chicos del coro*, el pésimo director del hospicio, Rachin, aboga por la estrategia acción-reacción, ojo por ojo, diente por diente, y castiga inmediatamente cualquier trastada de algún chaval; la consecuencia es que no consigue educar a sus pupilos y cada vez controla menos la situación. Las reacciones en caliente en el trato con las personas nunca son las más adecuadas. Siempre hay que tomarse un tiempo, aunque sean unos segundos, para analizar la situación y las alternativas que se presentan, con sus ventajas e inconvenientes, para, a continuación, tomar una decisión. Recalco el pensamiento de Viktor Frankl: el éxito se encuentra en qué se hace en el espacio de tiempo que transcurre entre que aparece el impulso de actuar y se actúa. Es decir, en cómo se reacciona, en cómo se analiza la situación y en qué decisiones se toman (se construyen) para enfrentarte a ella.

Otra actitud que no hay que tomar en una crisis es ignorar la naturaleza del problema o no utilizar la tecnología adecuada para resolverlo. Es el error del coronel Mastalerz, que se describe en el primer capítulo.

Por otra parte, los planteamientos catastrofistas o la desesperación no arreglan nada. La frase «no funciona nada» nunca es verdad.

También hay que evitar la sobreactuación, a pesar de que en muchos casos la tentación de pararlo todo es fuerte. Por ejemplo, si se dispara un reactor nuclear se produce una perturbación en todo el sistema eléctrico del país y hay que evitar que el desequilibrio que se ha generado dispare otras centrales y el efecto dominó produzca un apagón general. Pero para evitar la parada inesperada de otra central eléctrica lo que no tiene sentido es pararla manualmente; lo que siempre hay que hacer es aislar el problema, no amplificarlo.

Siempre me han hecho mucha gracia aquellos voluntariosos esquiadores que participan en las olimpiadas, representando a países tropicales, en los que nunca nieva, y que a medio trayecto se saltan una puerta, pero, lejos de tirar la toalla, frenan como pueden, retroceden, es decir, suben la pendiente y vuelven a pasar por donde debían haber pasado; y a la segunda intentona superan la puerta. Creo que con su divertida actitud nos enseñan que a veces lo importante es participar y llegar a la meta, que es importante acabar lo que se ha empezado, que hasta aquí he llegado y que no pasa nada por equivocarse; es posible y muchas veces muy bueno, rectificar. Que si me sale mal vuelvo a intentarlo. Creo que es mejor esta actitud que la del fuera de serie que al equivocarse pierde la compostura, rompe el palo o tira el casco contra la valla protectora. Para una situación de crisis es mejor actuar con humildad que comportarse como un divo.

Buenas prácticas para afrontar la crisis

Una buena práctica es acordarse de que hay otras personas que se han enfrentado a dificultades y problemas mucho más duros y los han superado. En una conferencia escuché a Rudolf Giuliani, el alcalde de Nueva York cuando se produjo el ataque a las Torres Gemelas el 11 de septiembre de 2001, que aquella noche se acordó de la Segunda Guerra Mundial y pensó que solo se habían caído unos pocos edificios, que el resto de la ciudad seguía de pie y que lo más probable es que se recuperaran. También habló de lo importante que es estar sobre el terreno para conocer y valorar lo que estaba pasando. El líder debe estar al pie del cañón.

También ayuda no olvidarse que hay una relación entre la intensidad de la tormenta y la fertilidad o los beneficios que se pueden obtener. En los trópicos, donde se producen grandes lluvias, la naturaleza es especialmente fértil y generosa. Usando la analogía de la tormenta, hay, por tanto, una relación directa entre lo profunda o complicada que puede ser una crisis y las posibilidades de crecimiento personal y organizativo que conlleva. Superar problemas graves enriquece, cohesiona equipos y nos hace más resilientes. Hay un dicho que dice que cuando se cierra una puerta se abre una ventana. Es decir, habrá una nueva oportunidad después de la crisis.

La República de Venecia (del siglo IX al 1797), que en su época de apogeo, en el siglo XV, fue una potencia mundial, se llamaba a sí misma Serenísima República de Venecia. No he conseguido averiguar la razón de ese título, pero sí que su forma de gobierno ha sido muy estudiada y se fundamentaba en el contrapeso de un consejo, la *signoria*, para evitar que todo el poder recayera en un solo hombre, el *dux*. En cualquier caso, ligar el término serenidad a poder me parece muy acertado. El gobierno, el liderazgo, tiene que ser sereno, especialmente en situaciones de crisis.

Aunque sea un poco colateral, se me escapa un apunte sobre crisis personales. Cuando uno pasa una crisis personal hay una estrategia que siempre funciona: ayudar a los demás, porque siempre hay alguien más necesitado que uno. Dar sin esperar nada a cambio siempre funciona muy bien. Lo que no funciona es pensar que las cosas no van bien porque todo el mundo está en contra nuestra ni que son otros los que deben resolver el problema.

Las crisis avisan

Las crisis avisan; basta con estar atento a las señales, que siempre hay, aunque a veces sea muy difícil detectarlas. Algunas crisis pueden evitarse o, al menos minimizarse, y otras no, pero si se las ha visto llegar no nos cogen desprevenidos. En su libro *La vida, un slalom* (publicado poco después de su muerte en 2006), Francisco Fernández Ochoa[94] dice que la vida es superar dificultades, puertas de *slalom*, un reto detrás de otro. Es una buena táctica afrontarla con la técnica del esquiador: para hacer una buena bajada, hay que trazar bien y para ello siempre hay que girar antes de la puerta; es decir, hay que adelantarse al problema. Si no lo haces de esa manera terminas saltándote una puerta y descalificado[95]. Otra magnífica lección del esquiador de *slalom* es que hay que mirar siempre hacia adelante, a la pendiente. Al esquiar, nunca hay que echarse para atrás, porque te caes: hay que encararse con el reto. Paquito ganó aquella meda-

---

[94] Paquito Fernández Ochoa fue campeón olímpico de *slalom* especial en Sapporo, el 13 de febrero de 1972.

[95] Nota para los lectores jóvenes: con los exámenes pasa como con el *slalom*, no se pueden preparar a última hora, porque no se llega y se suspende.

lla de oro contra todo pronóstico y todavía hoy sigue siendo el único esquiador español que ha ganado una medalla de oro en unas olimpiadas de invierno, lo que teniendo en cuenta lo poco que nieva en la península ibérica es realmente asombroso. El departamento de estrategia es el responsable de marcar la traza para evitar saltarse una puerta.

Algunas crisis nos las buscamos. Se cuecen lentamente e ignoramos sus avisos. Menganito ha tenido un infarto; algunos dirán qué mala suerte ha tenido, otros no dirán nada, pero recordarán que hace veinte años que se fuma dos cajetillas al día, había acumulado sobrepeso y de repente apareció la crisis económica. Y sucedió a pesar de que hace mucho que sabemos que fumar no es bueno, que el sobrepeso tampoco y que el estrés afecta a la salud y es difícil de administrar. Las crisis económicas tampoco vienen de repente, también avisan. No se puede ser un insensato. Un bulbo de tulipán no puede valer más que una casa, es ilógico, pues pese a ello hubo gente que lo hizo tal como explica el economista Fernando Trías de Bes en un libro imprescindible, y muy fácil y agradable de leer, para comprender las crisis económicas: *El hombre que cambió su casa por un tulipán*. Si bebes alcohol no conduzcas. Si no eres casto al menos sé cauto y usa preservativos de calidad; si no, asume que puedes terminar teniendo un hijo con alguien que te has topado en la lista de embarque de un vuelo transatlántico que iba con retraso, y a quien apenas conoces, mejor dicho no conoces absolutamente de nada (hecho verídico del que, obviamente, no daré detalles). La sensatez previene las crisis. Los aviones no se meten dentro de una tormenta, la rodean, no pasa nada por llegar un poco tarde. El problema es no llegar. Es más inteligente evitar una crisis que resolverla. Es más inteligente evitar un problema, si se puede, que resolverlo.

No todos los años hay buena cosecha, y por ello hay que tener el granero lleno. A veces hay siete años de sequía. Es imposible controlarlo todo, especialmente en los negocios. Hay que tener reservas materiales y espirituales.

Tiempo

Para superar una crisis y sus consecuencias hace falta tiempo. Cuando se nos muere un ser querido, necesitamos un periodo de duelo, hay que digerir la nueva situación y eso requiere tiempo. Una fruta solo madura con el tiempo. En esas circunstancias el tiempo transcurre despacio. Digerir una comida requiere tiempo. Después de un banquete, uno se siente pesado y necesita todavía más tiempo para hacer la digestión. Cuanto peor es la crisis más tiempo se necesita para recuperarse: no pasa nada, es así de simple y pocas cosas pueden hacerse para minimizar el proceso, excepto aceptar la realidad y el misterio de la vida. Hay cosas que pasan y no se comprenden.

En superar las crisis está la clave del éxito

Me he alargado en este capítulo porque creo que la clave del éxito en la vida y en todos los proyectos está en cómo se afrontan y se superan las crisis. Son inevitables, porque somos imperfectos y vivimos en un mundo imperfecto, pero la buena noticia es que tenemos muchos más recursos de los que nos imaginamos para vencerlas. Tenemos los mejores medios que ha habido a lo largo de la historia de la humanidad.

Los puntos clave son los siguientes:

- El cansancio de personas y materiales es muy peligroso. Hay que realizar mantenimiento preventivo.
- Lo importante es que no explote la central, que no se hunda el barco o que la nave no se pierda en el espacio sideral.
- Reconocer el problema y valorar su importancia real. No sobreactuar. Priorizar el análisis frío y la reflexión. Si todo se reduce a haberse saltado una puerta del *slalom*, vale más reírse e intentarlo otra vez.
- Responder en el momento adecuado, buscar el equilibrio, el punto medio, entre precipitación y procrastinación.
- Tú eliges la actitud con la que te enfrentas a ello. Recuerda que sobreviven los mentalmente más fuertes.
- Las crisis avisan; hay que aprender a leer las señales.
- Lo mejor es resolver las crisis por adelantado, avanzarse al problema, como los esquiadores de *slalom*.
- Hay que usar la tecnología adecuada y, en la medida de lo posible, la mejor disponible.
- De las crisis se sale reforzado. Según Winston Churchill: «El éxito es ir de fracaso en fracaso sin desesperarse».

26. El liderazgo en los procesos de innovación

Liderar es conseguir que un equipo tenga la actitud adecuada.

Liderar es un arte. Liderar un proceso de innovación y cambio, todavía más.

Liderar es conseguir que la gente haga lo que tiene que hacer porque está convencida de ello; pero no es conseguir resultados a cualquier precio ni tener mando en plaza, no es tener poder; es, más bien, tener autoridad, dotes de persuasión e influencia.

Lao Tse[96] acierta al expresar que «el líder es mejor en cuanto la gente apenas sabe que existe. Cuando su trabajo esté hecho, su objetivo cumplido, ellos dirán: nosotros mismos lo hicimos». Realmente brillante. Este enfoque tiene muchas ventajas, especialmente una: evita la envidia, uno de los mayores riesgos de fracaso y uno de los grandes obstáculos que hay que superar. El líder es el catalizador de la reacción y después desaparece.

> El líder es mejor en cuanto la gente apenas sabe que existe.

---

[96] Lao Tse, filósofo chino del siglo IV a.C. autor del libro *Tao Te King* (Sobre el camino y su poder), base de la filosofía taoísta.

Es muy interesante observar cómo ya en aquella época la gente inteligente como Lao Tse aconsejaba a las autoridades intervenir lo menos posible en la vida de los pueblos y no agobiarlos con impuestos y reglamentaciones. Yo comparto esa idea; quizá el lector piense que esta reflexión no es adecuada aquí, pero no me he reprimido y, además, creo que sí que toca, porque un buen líder tiene que dejar margen al equipo, saber delegar, confiar en él; de la misma manera que un buen dirigente político tiene que confiar en los ciudadanos, no excederse en su control y tratarlos como a delincuentes, cuando acostumbra a suceder lo contrario, que los delincuentes son los dirigentes.

Liderar la innovación es ser capaz de comunicar una mala noticia, como que habrá que trabajar más y de forma diferente. El líder es el mensajero que anuncia que se debe abandonar la zona de confort, la rutina. Hay que saber comunicar esa idea, pero sobre todo, hay que convencer.

El líder necesario para promover o dirigir un proceso de innovación debe ser renacentista, es decir, generalista, no un técnico especialista. Debe tener visión de conjunto o, al menos, ser capaz de constituir un equipo cuyos miembros aporten diferentes puntos de vista sobre un mismo reto. La realidad es, como mínimo, tridimensional y poliédrica, tiene muchos lados no uniformes. No se puede contemplarla solo desde un punto de vista porque entonces se obtiene una proyección plana, una visión parcial, limitada. Observemos la realidad desde diferentes ángulos y seamos observadores. Me he sentido muy respaldado en este planteamiento cuando he visto que la imagen del poliedro también la utiliza el papa Francisco[97].

Los antiguos romanos distinguían entre poder y autoridad. La autoridad siempre es mejor que el poder. El poder es una potestad rectora o coactiva. Por ejemplo el poder del Estado hace que pagues impuestos y que si no lo haces te caiga una multa y hasta la cárcel. La autoridad, por el contrario, debe entenderse como prestigio, crédito, reconocimiento, legitimidad basada en la calidad, competencia, conocimiento sobre una materia. Sancionar o imponer tiene que ser la última opción para un líder, que tiene que acudir a usar el poder solo cuando no queda otro remedio; pero no debe renunciar a él, ya que a veces hay que usarlo. Cuando no funciona la fuerza de la razón hay que aplicar desgraciadamente la razón de la fuerza.

Al igual que el obispo tiene mitra[98] y báculo, el líder debe tener sabiduría y autoridad, pero también poder. La mitra no es solo un signo de dignidad, sino, sobre todo, un signo de sabiduría y conocimiento. Por su parte, el báculo es el signo del pastor y sirve para corregir a las ovejas des-

> El objetivo del líder es establecer un entorno de colaboración disciplinada.

---

[97] Entrevista de Henrique Cymerman al papa Francisco en *La Vanguardia*, 13/6/2014.

[98] Toca de origen judío, alta y apuntada, con que se cubren la cabeza en las ceremonias litúrgicas los obispos, abades y abadesas católicos y armenios.

carriadas. El objetivo del líder es establecer un entorno de colaboración disciplinada, tal como explica el profesor de la Universidad de California, Berkeley, Morten T. Hansen en su libro *Collaboration*.

Los proyectos van en serio, no son una fiesta. No hay lugar para equivocarse, incumplir las fechas, realizar las cosas a medias, errores en las sumas, llegar tarde a las reuniones o poner palos en las ruedas. Por desgracia, estas malas prácticas se consienten demasiadas veces porque quien está delante es un coordinador, no un líder o un responsable y carece de un mínimo de poder. Se necesitan menos coordinadores y más directores.

Alguien tiene que conceder el poder, alguien de arriba[99]: la dirección. El líder necesita un buen sponsor que lo apoye y lo supervise. Hay que preguntarse siempre si se dispone de suficiente autoridad antes de dar con el báculo, no sea que nos desautoricen.

Las diez mejores prácticas para liderar un proceso de innovación y que se han ido comentando a lo largo del libro son las siguientes:

1. Involucrar, desde el inicio del proceso, a representantes de toda la organización, en primer lugar a las personas más influyentes.
2. Vender el proceso. Dedicar recursos al marketing del proyecto.
3. Escuchar, preguntar, dedicar tiempo a las personas más afectadas directamente por el cambio, acompañarles mientras desarrollan su trabajo diario. Detectar dónde tienen dificultades, dónde les duele.

---

[99] Juan 19,11: «Ninguna autoridad tendrías sobre mí si no se te hubiera dado de arriba».

4. La fase de análisis y diseño es crítica. Los diseños tienen que ser no solo acertados y correctos, sino, sobre todo, simples.
5. Saber gestionar reuniones. Cuidado con las grandes reuniones, los problemas hay que resolverlos por adelantado. Los acuerdos se alcanzan antes de empezar las reuniones.
6. Priorizar los contactos uno a uno. Hay que tener cuidado con el correo electrónico. Es más conveniente usar el teléfono o, incluso mejor, aún efectuar videollamadas. Siempre hay que mejorar la capacidad propia de comunicación. Tomar una cerveza, un café o una copa de vino en el momento adecuado ayuda.
7. Hay que ser muy estricto probando los sistemas, en el laboratorio y en la situación real. El control de calidad es muy importante. Efectuar pruebas de carga y estrés.
8. La formación no debe dejarse para lo último porque ayuda a vender una innovación. La educación, la venta, la formación de un sistema innovador debe llevarse en paralelo al desarrollo del proyecto y debe refrescarse posteriormente.
9. Ajustar la solución. La excelencia se encuentra en los pequeños detalles: hay que efectuar ajustes finos (*tuning*).
10. Celebrar la finalización del proyecto, tomarse un pequeño descanso y volver a empezar.

La persona que esté al frente de un proyecto o un proceso innovador debería ser:
- Renacentista.
- Buen comunicador.

- Buen negociador.
- Innovador e imaginativo.
- Capaz de delegar.
- Bueno escuchando.
- Hábil para relacionar diferentes conocimientos, tecnologías y puntos de vista.
- Con un poco de mal genio y moderadamente maleducado.

27. Tecnologías de la información y la comunicación

> *Para sobrevivir*
> *y para triunfar*
> *en la vida*
> *se necesitan redes.*

A lo largo del libro hemos incidido reiteradamente en la importancia de la comunicación para alcanzar el éxito en cualquier actividad, sin esconder en ningún momento la intrínseca dificultad de la comunicación humana. Por todo ello y, además, por deformación profesional, voy a dedicar un capítulo a explicar, evitando los aspectos técnicos, la evolución de las tecnologías de la comunicación y a presentar las herramientas disponibles. Conocedores de este reto, no deberíamos renunciar a utilizar todos los medios a nuestro alcance, incluidos los técnicos.

No podemos permitirnos la típica excusa de los políticos, especialmente cuando justifican con aparente convencimiento su enésimo fracaso electoral: «No hemos sabido comunicar nuestras ideas». En la vida real no solo hay que saber comunicar, sino que también hay que tener un buen mensaje y credibilidad. A diferencia de los políticos, si no comunicamos bien, no comemos.

¿Por qué, siendo conocedores de las dificultades de la comunicación humana, renunciamos a utilizar los medios técnicos que la facilitan? Por ejemplo, ¿por qué obligamos a los clientes que quieren comunicarse con nosotros a utilizar el canal que a nosotros nos interesa y no aquel con el que ellos se sienten cómodos? ¿Qué medios y soluciones técnicos tenemos a nuestra disposición?

El concepto de red

El de red es un concepto poderoso. Once son las acepciones que ofrece de ese término el diccionario de la Real Academia Española[100]. Entre ellas, creo que la más acertada es la séptima: «Conjunto de elementos organizados para determinado fin». Observemos para cuantas cosas usamos una red:
- Para alimentarnos; todavía pescamos con redes.
- Para protegernos.
- Para rescatar a alguien.
- Para comunicarnos; nos referimos a redes de transporte de ferrocarril, marítimas, de comunicaciones, de telecomunicación
- Para pensar; nuestro órgano más potente, el cerebro, es una red de neuronas conectadas entre sí.

Los anglosajones utilizan el mismo término, *networking*, para referirse tanto a una red de ordenadores como a la red de contactos personales y profesionales. Este término ya se ha impuesto y es ahora un concepto universal.

Las redes sociales permiten mantener y retomar el contacto con muchas personas que antes hubiéramos perdido definitivamente. Asimismo, permiten contac-

---

[100] lema.rae.es/drae/?val=red

tar, debatir e intercambiar información con personas con intereses similares. La comunidad en red, los foros de Internet, resuelven problemas.

Para sobrevivir y para triunfar en la vida se necesitan redes. Veamos qué tenemos a nuestra disposición para construirlas y utilizarlas.

Redes convergentes y comunicaciones unificadas

Para intentar explicar cómo son las redes de comunicaciones actuales, y como orgulloso ciudadano de Barcelona, voy a basarme en una de las ideas fundamentales de Antoni Gaudí. El genial arquitecto, autor de la mundialmente famosa basílica de la Sagrada Familia[101], buscaba la inspiración en la naturaleza, que es creación de Dios y el ámbito en el que mejor se han resuelto los problemas. Vamos a usar esta idea contundente y a utilizar un modelo antropomórfico para explicar las nuevas herramientas en tecnologías de la comunicación.

Observémonos a nosotros mismos, a nuestro propio cuerpo. ¿Cómo es nuestro sistema de comunicaciones? ¿Cómo es nuestro cerebro? El sistema de comunicaciones de nuestro cuerpo es el sistema nervioso. Tenemos un único sistema que transporta desde los distintos sensores al cerebro varios tipos de señales, voz, video, tacto, temperatura, etc. Tenemos un sistema de comunicaciones integradas. El centro de

---

[101] www.sagradafamilia.cat

datos, el cerebro, para tomar una decisión procesa e interrelaciona toda la información que le llega de diferentes fuentes. El cerebro está convenientemente protegido por una estructura ósea, el cráneo. Los servidores también deben estar ubicados en un recinto adecuado. Hasta hace unos pocos años, todos los sistemas de telecomunicaciones eran aislados; es decir que había una red de telefonía (voz), una red de datos, una red de transmisión de video y una red de televisión. Cada una requería equipos específicos. Con las redes convergentes que utilizan un único protocolo (el IP o *Internet Protocol*) al fin alcanzamos una solución equivalente a la de la naturaleza: una red única que transmite voz, datos, imagen y señales de control. Va a desarrollarse una nueva generación de aplicaciones informáticas capaces de procesar simultáneamente los mencionados distintos tipos de información. Tenemos una buena solución, inspirada en la naturaleza, y nos abre incontables oportunidades de mejora.

La imparable expansión de las redes móviles, tanto en cobertura como en capacidad de comunicación, han roto las limitaciones físicas del puesto de trabajo. Se sobrepasan los límites de la oficina, del hospital, de la fábrica. Estamos, si así lo queremos, permanentemente conectados y con acceso a la información que precisemos en cada momento.

De forma muy esquemática, podemos decir que somos capaces de capturar cualquier tipo de infor-

> El sistema de comunicaciones de nuestro cuerpo es el sistema nervioso.

mación en tiempo real, en el lugar donde se origina, transportarla hasta el centro de proceso, donde se aplican las reglas y procedimientos establecidos, y entregarla procesada a la persona adecuada, dondequiera que se encuentre en ese momento. Sobre esas potentes redes de comunicación, fiables y económicas, se ejecutan herramientas agrupadas bajo el nombre genérico de comunicaciones unificadas y colaboración (UC2) que gestionan todas las comunicaciones: de voz y de datos, fijas y móviles, de toda la organización.

> Con las comunicaciones móviles se ha caído el muro de la oficina.

Mi amigo, colega y referente internacional, Marty Parker[102], nos enseña que implementar comunicaciones unificadas en una organización es introducir los nuevos métodos de comunicación como un componente más de la secuencia de tareas de un proceso empresarial al objeto de que el proceso sea más eficiente; es decir, que la tarea se efectúe correctamente y con éxito, sin malgastar ni tiempo ni energía. Para ello utilizamos piezas que antes trabajaban por separado y las integramos, ya que necesitamos la eficiencia en los procesos para afrontar los retos que se nos plantean (como ya se ha comentado en los primeros capítulos). Debemos mejorar la productividad si queremos competir; es decir, que debemos hacer las cosas mejor y con menos esfuerzo. En palabras de Parker: «Comu-

---

[102] www.ucstrategies.com/unified-communications-strategies-experts/marty-parker.aspx

nicaciones integradas para optimizar los procesos de negocio». Vale la pena detenerse en cada uno de esos términos.

- «Comunicaciones» se refiere a la tecnología que facilita la interacción entre personas vía voz, imagen y texto.
- «Integradas» significa que están incorporadas en el proceso de negocio.
- «Optimizar» quiere decir ser más eficiente.
- «Procesos de negocio» son la secuencia de tareas relacionadas entre sí que tienen como objetivo lograr un resultado de negocio, por ejemplo, una venta.

Los procesos que se producen en una empresa pueden ser o regulares o incidencias y alarmas. Gracias a las herramientas UC2 y a la integración entre comunicaciones e informática que aportan, se pueden automatizar esos dos tipos de procesos para así disminuir su ciclo de vida y evitar los errores. La palabra clave es proceso y su correspondiente flujo de trabajo (*workflow*) o diagrama de flujo (*flowchart*). Los flujos se automatizan y se optimizan.

Como ejemplo vamos a comentar una aplicación de telemonitorización y gestión de alarmas en un hospital. Tenemos los equipos de monitorización de pacientes conectados a la red y al servidor de comunicaciones. Cuando se produce una incidencia, el sistema avisa automáticamente a la enfermera de guardia mediante un mensaje que llega al dispositivo de comunicaciones que se haya elegido o, incluso, a varios a la vez. La enfermera debe dar acuse de recibo del mensaje y actuar siguiendo el protocolo que tenga establecido. Todo el proceso queda registrado.

No tiene que haber una persona en una sala de control a la espera de que se produzca una incidencia ni fiarse de que alguien oiga un pitido. Los resultados de implantar una gestión de alarmas integrada con las comunicaciones son espectaculares. La investigación realizada por Philips Healthcare en Estados Unidos bajo la dirección del Michael Breslow (presentada en el congreso e-Health en Barcelona en marzo de 2010[103]) concluye que el uso de sistemas de telemonitorización reduce en el 20 % la mortalidad de las unidades de cuidados intensivos y el 30 % en la duración de la hospitalización de los pacientes. «Los datos demuestran que el 90 % de las intervenciones de los equipos remotos —señala Breslow— responden a problemas identificados por ellos, no por los profesionales, a pie de cama. Además esos equipos remotos atienden las tareas rutinarias en caso de que los profesionales en la UCI no puedan, con lo que se puede dar cobertura a más de cien pacientes con un intensivista y dos enfermeras».

Otro ejemplo sencillo de cómo se pueden obtener grandes ahorros en un entorno hospitalario es la introducción de una sola vez de la pauta de medicación y en tiempo real. Si en un hospital se efectúan cada día trescientas visitas médicas a pacientes y el médico marca las pautas de medicación o las instrucciones a enfermería directamente sobre el sistema en vez de en papel, aparte de evitarse errores de transcripción, se elimina el proceso administrativo de introducir de nuevo los datos en los sistemas. Este simple cambio

---

[103] www.hospitecnia.com/Servicios-Hospitalarios/Noticias/telemedicina-integrada-con-los/id-Lbfjdjaihcehdde.xsql

puede representar un ahorro de cinco minutos por paciente y prescripción, lo que en un año representan 9.125 horas de trabajo administrativo.

La telelocalización de equipos y personas dentro del recinto del hospital permite conocer en todo momento dónde se encuentran, garantizando su protección y rápida disponibilidad.

Colaboración en red

En esa red de neuronas interconectadas que es el cerebro, cuantas más conexiones haya, más desarrollado está, y más conocimientos y habilidades posee la persona. De manera análoga, las redes convergentes IP de alta capacidad permiten crear equipos de trabajo en red, grupos multidisciplinares y multiculturales con un alto potencial, aunque sus miembros se encuentren muy alejados geográficamente. Las plataformas de multivideoconferencia y las herramientas de colaboración permiten videollamadas multipunto desde el puesto de trabajo y la compartición de documentos o pizarras en tiempo real con un coste muy bajo. Es obvio que no es lo mismo una reunión presencial que una reunión mediante telepresencia, pero lo cierto es que las reuniones no presenciales permiten reducir mucho los viajes. El hecho de evitar un desplazamiento para una reunión tiene un ahorro de costes directos e indirectos muy importantes: horas perdidas, costes de transporte, dietas y cansancio, entre otros factores.

El trabajo en red favorece el desarrollo del trabajo por proyecto. Equipos que se crean ex profeso para proyectos concretos y que se deshacen al conseguir los objetivos marcados y que no tienen por qué trabajar en la misma ubicación geográfica. Estructuras flexibles frente a organizaciones rígidas. Stephen Covey lo explica desde otro punto de vista: considera que una persona es altamente efectiva cuando es interdependiente y capaz de colaborar con otras para crear riqueza y alcanzar metas más ambiciosas.

En este mismo modelo se encontraría el concepto de trabajo en casa. Las herramientas ICT permiten que muchas tareas puedan efectuarse en casa en vez de acudir a un puesto de trabajo. Para estar delante de un ordenador y de un teléfono no hace falta desplazarse; es el caso, por ejemplo, de un agente de un centro de atención a clientes multimedia. Una variante interesante del trabajo en casa es el trabajo en centros compartidos (*coworking*)[104] ubicados cerca de casa, en los que trabajan profesionales autónomos y personas de distintas organizaciones; resuelve la desventaja de la posible soledad y la falta de espacio en la vivienda particular. No hace falta perder de dos a tres horas al día en un atasco, quemando gasolina, pagar doscientos euros de *parking* al mes en el centro de la ciudad o desesperarse en un tren de cercanías. La conciliación de la vida personal y familiar es un reto que no podemos eludir. No podemos seguir viviendo tan acelerados. Un buen análisis de negocio (*business model*) demuestra fácilmente la rentabilidad económica y social de estas soluciones.

---

[104] www.coworkingspain.es

Centros de interacción multimedia y multicanal

Un centro de interacción multimedia es un centro preparado para atender no solo llamadas telefónicas, sino también videollamadas, chats, correos electrónicos y navegación por Internet compartida o dirigida. La web debe formar parte del centro de interacción, ya que es una forma de comunicación con los clientes; no puede ser un mero catálogo (eso era la primera versión) ni tampoco basta con que esté integrada con la redes sociales (web 2.0). La web 3.0 interacciona con el cliente, a quien al entrar se le invita a chatear, a llamar, se le hace saber que estamos a su disposición para lo que necesite. Es una web con contacto humano en tiempo real, no solo se interacciona con una máquina.

Por su parte, las soluciones webRTC[105] todavía aportarán más capacidad de comunicación y una integración más estrecha entre las web y las comunicaciones en tiempo real.

Por primera vez en la historia, la innovación llega antes al entorno personal y doméstico que al empresarial. Para la generación del nuevo milenio, nuestros hijos, las TICs no son nuevas, porque ya existían cuando nacieron y siempre han convivido con ellas. Las empresas van retrasadas y tendrán un problema de comunicación con sus futuros clientes y empleados. Hay que incorporar los nuevos canales de comunicación a las organizaciones. ¿Cuántos centros de interacción con clientes multimedia conocen?

---

[105] *WebRTC for Enterprises: History and Use Cases.* Christopher J. Vitek y Pilip E. Edholm. www.webrtcstrategies.com

Movilidad

La movilidad es otro gran reto en las comunicaciones corporativas. Proveer de acceso a la red integrada de voz, datos y video al personal móvil es la actuación más importante que puede llevarse a cabo para mejorar su productividad. Con las conexiones de datos 3G y 4G se puede estar permanentemente conectado a los sistemas de la compañía y efectuar muchas consultas y operaciones en tiempo real. No hace falta llegar a casa o al hotel por la noche y conectarse a Internet. Otras aplicaciones relacionadas con movilidad y altamente rentables son la localización, la gestión de flotas de vehículos y la optimización de recorridos.

La reducción del ciclo de vida de los procesos gracias, por ejemplo, a la disponibilidad de la información en tiempo real, representa un ahorro muy importante. ¿Cuánto vale el aumento de la satisfacción de un cliente porque se le resuelve al instante una incidencia? ¿Qué ahorro representa disminuir el ciclo de venta de un producto de días a minutos?

Nubes-*Clouds*

¿Y es muy difícil disfrutar de todas estas herramientas en una empresa? ¿Hacen falta técnicos muy especializados e invertir mucho dinero?

Aunque gratis y fácil no hay nada, no es ni muy difícil ni caro disfrutar de todas estas soluciones, ya que pueden contratarse en la nube y mediante pago por uso. De la misma forma que no hace falta tener una central eléctrica para disfrutar de la electricidad, actualmente muchas de las soluciones de tecnologías de la información y las comunicaciones no requieren que se instalen equipos en la oficina física de una empresa, ya que están en la nube, mejor dicho, están en la red. Además los modelos *as a service* permiten superar el freno a la innovación que representa tener que asumir los costes de las inversiones. El reto consiste en comprender bien qué se necesita y, en consecuencia, cuáles son las soluciones adecuadas en función de las características de cada organización. Es decir, el valor radica en el análisis y el diseño de los procesos.

Los servicios en *cloud* tienen la gran ventaja de que los aspectos técnicos, realmente complejos y engorrosos, son asumidos por los proveedores y las empresas pueden focalizar sus esfuerzos a lo que realmente les aporta valor. El proveedor es responsable de que el sistema funcione y de que esté correctamente dimensionado y actualizado. Mientras, el usuario se focaliza en hacer funcionar su negocio y en definir la funcionalidad de las herramientas tecnológicas.

El término «nube» es desacertado; es un error de marketing. Las nubes las asociamos a tormentas, rayos y truenos; cuando las nubes están a ras de suelo y uno entra en una de ellas, se encuentra rodeado de niebla y no se ve nada. Es un término con demasiadas connotaciones negativas. Tendríamos que decir que son servicios que están en la red y que nos llegan a través de ella. De hecho, en la nube están también otros muchos servicios vitales, como el suministro de agua, de electricidad, de gas.

Estar en la nube tiene una ventaja brutal: en cualquier lugar con acceso a la red, por cable o por radio, y disponiendo de electricidad (o batería en los dispositivos portátiles), se puede disfrutar de los servicios, de acceso a la información y de comunicaciones de cualquier tipo.

La principal desconfianza que genera este tipo de almacenamiento de información es que no se sabe dónde están los datos y tememos que sean accesibles a quien no debería o bien que se pierdan. Es obvio que estamos confiando en la empresa que proporciona el servicio, en sus sistemas de seguridad, en sus empleados y en que ambos cumplirán la legislación. Ahora bien, analizado fríamente, también hay que ver cuáles son los sistemas de seguridad que están implantados en muchas de las empresas, sobre todo en las PyMEs, cómo se hacen las copias de seguridad, qué sistemas de control de acceso y autentificación de usuarios están implantados y en manos de quién está todo el proceso. Muchas veces de todo eso se encargan pocas personas o una sola, se documenta mal y no se valora el riesgo de que a la persona encargada le pueda pasar cualquier incidencia o, incluso, que pueda ser desleal.

Pongamos un ejemplo sencillo. Mantener una agenda de contactos actualizada es una lata, la gente cambia de empresa o la empresa cambia de nombre, de ubicación, de correo electrónico, etc. Con el sistema tradicional de agenda en casa, al cabo de unos meses, si no hay contacto regular con esa persona, disminuyen mucho las posibilidades de localizarla rápidamente. Sin embargo, si los contactos se establecen en LinkedIn, por ejemplo, cada uno de ellos se preocupa de mantener actualizados sus datos y, además, está accesible mucha más información sobre la persona, historial profesional, académico, grupos en los que participa, etc., información que, por cierto, no viola ninguna compleja y puritana ley de protección de datos, ya que cada uno es libre de completar su perfil según estime conveniente y de estar en la red social o no estarlo. Es decir, tener la agenda en LinkedIn es mucho más eficiente y proporciona más información y es más fiable, y se precisa menos esfuerzo para mantenerla al día. Pese a todo, es bueno tener una copia en otro servicio en la nube o en un ordenador propio, porque nunca se sabe qué puede pasar.

Big Data

Actualmente se generan y se almacenan muchos y muy diversos datos que, correctamente procesados, facilitan mucha información. Técnicas como la vigilancia tecnológica y la inteligencia competitiva o la minería de datos, entre otras, ofrecen grandes oportunidades.

Por ejemplo, las operadoras de telecomunicaciones, a través de las estadísticas de los registros de los teléfonos móviles, pueden conocer los flujos de las personas por las ciudades. En Barcelona se ha analizado cómo se mueven los turistas de las nacionalidades y han hallado patrones. Resulta que no visitan los mismos sitios los rusos, los japoneses y los americanos, y se obtienen datos asombrosos, como el alto porcentaje de cruceristas que al llegar a Barcelona no salen del barco; mejor dicho, lo que se sabe es que conectan el móvil y este, el terminal, no abandona el navío. Teniendo en cuenta que Barcelona es uno de los destinos turísticos más valorados del planeta, el dato da que pensar, y Turismo de Barcelona tendrá que ponerse las pilas, porque necesitamos que salgan del confort del buque y se paseen y se gasten unos cuantos euros en la ciudad.

La tecnología no es una *commodity*

La explosión de la burbuja de las puntocom y estafas varias[106] han transmitido a la sociedad el mensaje de que todo esto puede ser un bluf. Incluso se ha propagado la idea de que Internet es un juego, un entretenimiento, en algunos casos hasta muy peligroso. Estas impresiones y mensajes han enmascarado una realidad que es que Internet se ha consolidado y las tecnologías de la información y las telecomunicaciones convergen y que el ancho de banda crece exponencialmente y, por tanto, lo hace la capacidad de transmisión de información.

La alta dirección ha pasado de estar directamente involucrada en la toma de decisiones en tecnologías de la información a casi ignorar el asunto. Las herramientas que hemos comentado permiten reingenierías de negocio muy significativas. Son decisiones estratégicas. Se ha pasado a pensar que la tecnología es una *commodity*[107], que no es diferenciadora; craso error: no utilizar la solución adecuada o la mejor opción para efectuar una tarea marca una gran diferencia, de la misma manera que usar lanzas en vez de tanques tiene consecuencias o que no es lo mismo usar un carro

---

[106] Ejemplo: Gowex.

[107] Utilizo el término inglés *commoditiy* porque lleva implícito en su significado que es un bien de consumo que no aporta un valor diferencial, que no aporta valor añadido. Se usa de forma despectiva.

tirado por mulas para transportar mercancías que un camión. Con las dos opciones se hace el trabajo pero es obvio que una forma es más eficiente que la otra. Lo importante es darse cuenta de que elegir la tecnología correcta y adecuada es una actividad propia de la alta dirección. En el modelo de administración del tiempo de Covey, esta es una actividad del segundo cuadrante, es decir, que es importante y no urgente: es estratégica. En su argumentación Covey concluye que uno de los resultados que se obtiene con ese tipo de actividades es que se produzcan pocas crisis.

Parte IV

CONCLUSIONES.
EL CICLO DE LA VIDA

28. El servosistema

*Es imprescindible ajustar el proceso
en función del resultado obtenido.*

Miguel Ramírez, primer decano del Colegio Oficial de Ingenieros de Telecomunicaciones de Cataluña, fue mi profesor de Servosistemas en la universidad. Recuerdo como el primer día de clase soltó que el mejor servosistema que se ha inventado nunca es la cadena del váter. En función de los resultados obtenidos se adapta el proceso. El flujo de agua que entra en el depósito se regula en función del nivel que va alcanzando el agua hasta detenerlo cuando está al máximo de su capacidad, antes de que se desborde. El proceso de llenado se reinicia cuando el depósito está completamente vacío.

Un servosistema es un sistema mecánico, electromecánico, eléctrico o electrónico que se regula por sí mismo al detectar el error o la diferencia entre su actuación real y la deseada, y que mantiene el resultado deseado por medio de la corrección instantánea de las desviaciones de su funcionamiento normal.

Este mismo concepto es el que deberíamos aplicar a las reglas que rigen la sociedad; y también a los productos y servicios que presta una empresa. Si no obtenemos los resultados esperados —creación de empleo y riqueza, aumento de ventas y beneficios—, hay que modificar los procesos y ajustar las reglas del juego, porque lo importante son los resultados no las normas.

Debemos aceptar que no siempre se obtienen los mismos resultados aunque se mantengan los procedimientos que siempre hemos utilizado, ya que hay una enorme cantidad de factores que influyen sobre los resultados y no todos pueden estar contemplados en los procedimientos; por eso es necesario controlar los resultados y cuestionárselos.

Modificar un proceso no es fácil, pero lo peor es que muchas veces ni tan siquiera nos planteamos ni la necesidad ni la posibilidad de afrontar un cambio. Lo natural es admitir que monitorizar (observar y valorar) los resultados y cuestionarnos el proceso es parte intrínseca del propio proceso: eso es lo que lleva implícito el concepto de servosistema.

El servosistema es un círculo que garantiza la corrección de los resultados. Es un círculo virtuoso.

La metodología de proyectos que hemos comentado es un servosistema. Otros muchos métodos de toma de decisiones o de desarrollo de procesos también lo son. A continuación comentaremos el ya mencionado bucle OODA del coronel Boyd y propondremos otros, pero cada persona y cada empresa deben desarrollar los suyos y adaptarlos a sus propias circunstancias para que, finalmente, se adquieran como hábito y se apliquen de forma inconsciente e intuitiva.

Como se observa en la figura 4, OODA es claramente un servosistema. De ese método de construcción rápida de decisiones, pensado para los pilotos de caza pero que puede aplicarse a casi todos los campos, me gusta que contempla la interacción con el entorno y que, tras recoger información exterior, se retroalimenta en todas las etapas del proceso. Se apoya en cuatro puntos:

1. **Observación.** Debemos observar la situación actual, incluyendo las circunstancias que nos rodean. La calidad de la observación es básica para el éxito del modelo y genera decisiones más fiables y eficaces.
2. **Orientación.** Una vez que conocemos la realidad en la que nos encontramos inmersos, nos orientamos pensando y utilizando los conocimientos, las experiencias, los resultados de análisis y síntesis y las comparativas que hemos ido acumulando.
3. **Decisión.** Con toda la información acumulada y el análisis de la misma, debemos elegir una alternativa, Boyd le llama «hipótesis». Recordemos que Boyd diseñó su modelo para pilotos de aviones militares supersónicos, y por tanto hay que ser hábil y rápido tanto en la generación de opciones como en la elección de una de ellas, eso nos proporciona una ventaja competitiva.
4. **Actuación.** Cuando ya se ha llevado a la práctica la decisión, deben observarse los resultados obtenidos e incorporarlos a la primera

Figura 4. Bucle OODA de John Boyd.

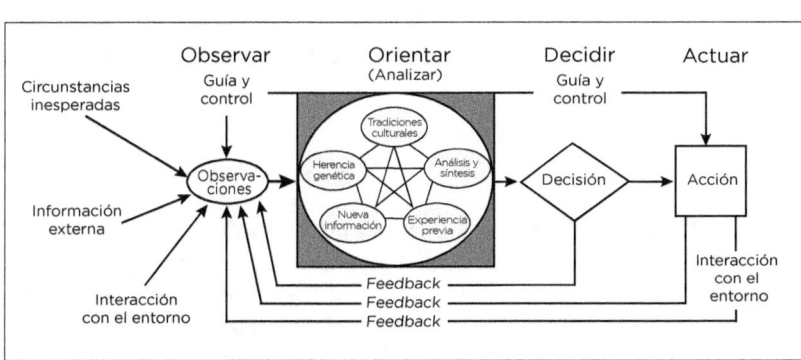

etapa; es decir, se vuelve a empezar pero con más información.

Un bucle similar al de Boyd es el denominado como CECA: Critica-Explora-Compara-Adapta, desarrollado por el canadiense David Bryant, también investigador militar, y publicado por el centro de investigación en defensa y desarrollo del Gobierno de Canadá[108].

Boyd no fue el primero en proponer este tipo de ideas y hay muchos modelos similares y que no provienen del entorno militar, destacan especialmente el conocido como círculo de control de calidad de Shewhart/Deming[109], identificado como PDCA y resumido en *Plan-Do-Check-Act (Ajust)* que podríamos traducir como Planifica, Ejecuta, Comprueba y Ajusta, ya que los resultados obtenidos diferirán de los deseados.

Es importante destacar de todos estos métodos que proponen que se repitan una y otra vez; se trata de tomar un compromiso continuado sobre un mismo asunto, mejoramos a base de tenacidad y empeño. Avanzamos consolidando lo que hemos aprendido cada vez que ejecutamos el bucle, tal como muestra la figura 5. Deming enseña que consolidamos lo aprendido cuando lo estandarizamos.

Todos los modelos contienen sentido común y ninguno de estos ejemplos nos enseña nada que no sepa-

---

[108] www.drdc-rddc.gc.ca

[109] Walter Andrew Shewhart y William Edwards Deming son ingenieros y matemáticos norteamericanos especialistas en control de calidad y mejora continua. Deming se inspiró en los trabajos de Shewhart y tuvo una gran influencia en la reconstrucción de la industria japonesa después de la Segunda Guerra Mundial. www.deming.org

mos, pero nos va bien tenerlos para comprender, aunque sea de forma parcial, cómo funciona el mundo.

Figura 5. Mejora continua repitiendo el círculo *Shewhart/Deming*.

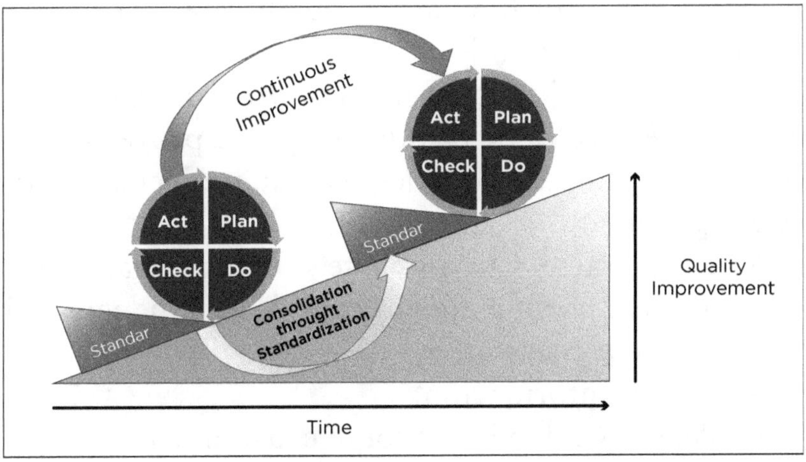

Potenciar el proceso creativo de forma continuada

Sin relación con la ingeniería, Mario Alonso Puig propone una técnica o metodología para potenciar el proceso creativo y hacer aflorar nuestra mejor versión: Estira-Relaja-Aguarda-Confía.
- **Estira.** Trabaja, lee, reflexiona, estudia, analiza.
- **Relaja.** Descansa, pasea, deja de darle vueltas al asunto que nos preocupa.
- **Aguardar y confiar.** El cerebro finalmente hallará la mejor solución.

Me atrevo a proponer que efectuemos de forma reiterada el proceso creativo que nos enseña Mario Alonso Puig, completándolo con un cuarto punto, el análisis de resultados y añadir ese análisis al inicio del siguiente proceso creativo, al siguiente *estira*, para que se convierta en un hábito, se repita una y otra vez, sea un *continuum*, una vez resuelto un reto o un problema a por el siguiente, para no darnos por satisfechos como los fundadores de BlackBerry con una primera y única gran idea.

El ciclo de mejora continua que yo propongo, aplicable al desarrollo de cualquier tipo de proyecto empresarial o vital, o la resolución de un problema o reto es el siguiente:

- Preguntarse. Cuestionarse si estamos haciéndolo bien, por qué lo hacemos de esta manera y si se puede mejorar.
- Buscar información.
- Pensar y reflexionar sobre el asunto.
- Relacionar y describir las alternativas posibles.
- Comparar opciones.
- Elegir (*hacer* una decisión).
- Diseñar al detalle la solución elegida y el plan de actuación.
- Actuar.
- Analizar los resultados.
- Efectuar los ajustes necesarios.
- No conformarnos. Cuestionarse de nuevo la realidad. Comparar cómo es el mundo y cómo nos gustaría que fuera.
- Volver a empezar, volver a preguntarse la misma u otras preguntas.

29. Comunidades y organizaciones inteligentes

> *Que las reglas de juego*
> *de nuestra sociedad*
> *no sean una ecuación*
> *irresoluble que nos ahoguen.*

En el congreso de la Asociación Canadiense de Consultores en Telecomunicaciones de Ottawa, realizada en mayo de 2011, tuve la oportunidad de entrar en contacto con el concepto de *comunidad inteligente* gracias a la presentación del consultor William G. Hutchison[110], miembro del Intelligent Community Forum[111] y presidente de la Canadian Advanced Technology Alliance[112], que promueven y desarrollan este concepto.

La propuesta de ese grupo, resumida en la figura 6 va mucho más allá de una *smart city*, concepto más focalizado en la automatización de la ciudad. La comunidad inteligente es aquella en que se ha creado un entorno o ecosistema de colaboración mutua que permite la creación de un buen lugar donde vivir, trabajar, aprender e, incluso, entretenerse. El ecosistema de colaboración se basa en crear una comunidad ilusionada, un ambiente optimista que favorezca y

---

[110] www.hutchison-management.com
[111] www.intelligentcommunity.org
[112] www.cata.ca

facilite la innovación y la creatividad. Para ello es necesario dotar a la comunidad de las infraestructuras adecuadas y adaptadas al entorno donde está asentada dicha comunidad que, por supuesto, deben ser sostenibles; entre ellas, se considera imprescindible la inversión en redes de comunicaciones de banda ultra ancha, de enorme capacidad de transmisión. En ese entorno de colaboración y con las infraestructuras adecuadas se desarrollaría un conjunto de aplicaciones como base para la creación regular de riqueza:
- i-Health (salud y asistencia sanitaria).
- i-Education (educación).
- i-Government (gobierno).
- i-Community (mejora de la comunidad y la convivencia).
- i-Business (negocios).
- i-Arts & Entertainment (cultura y entretenimiento).

Figura 6. Modelo Intelligent Community Open Architecture de Cata.

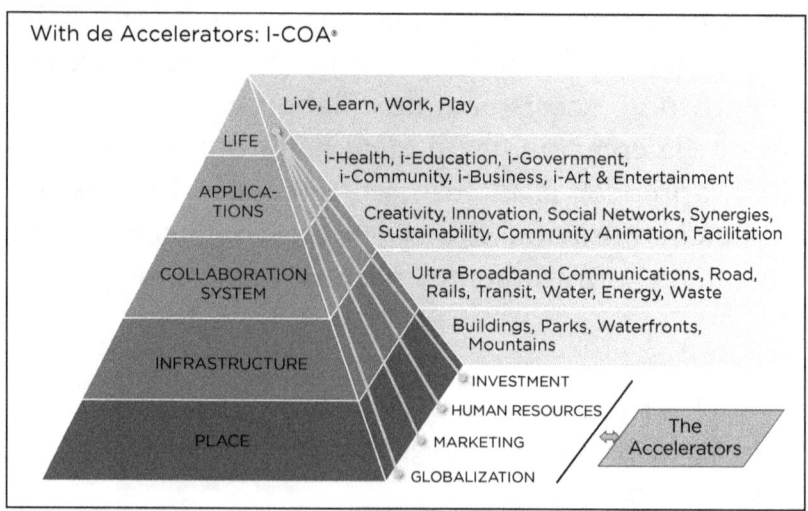

De forma análoga a una comunidad, una organización o empresa inteligente también debería crear un entorno de colaboración que promueva la cooperación entre las diferentes divisiones de la empresa y entre sus empleados, para así romper los silos aislados que se constituyen en su interior y la tendencia a competir en vez de colaborar entre ellos. El objetivo es que la empresa sea un lugar adecuado para el desarrollo y el crecimiento de las personas, mediante el aprendizaje continuo y la satisfacción y el reconocimiento por el trabajo bien hecho.

Las características de una organización inteligente serían:

- Infraestructuras tecnológicas de última generación en la nube. Deben estar hiperconectadas.
- Colaboración disciplinada. Utilización de las herramientas de colaboración, también denominadas «comunicaciones universales».
- *Learning organization*. Organización que aprende cada día.
- Trabajo en red y por proyecto, en un entorno multidisciplinar, multicultural y con la participación de colaboradores externos que complementen al equipo.
- Alineados con un objetivo compartido, desde la propiedad (accionistas) a los empleados, pasando por la dirección.
- Procedimientos de trabajo eficientes, lo más simples posible (*as simple as posible* o *keep it simple*), y en permanente ajuste y renovación.
- Mínima estructura burocrática.
- Debe contar con un departamento de estrategia e inteligencia competitiva.

La comunidad inteligente es aquella que se rige por unas reglas de juego que generan riqueza y las adapta convenientemente a las circunstancias y a la evolución de los tiempos, no aquellas que han construido una ecuación irresoluble o un sistema inviable de reglas burocráticas que todo lo bloquean y que solo sirven de protección para los parásitos atrincherados.

30. El ciclo de la vida

El rey ha muerto,
viva el rey.

La vida es un círculo. Observemos la naturaleza: cada año labramos, abonamos la tierra, sembramos, regamos, cosechamos y volvemos a labrar la tierra. Después de cada invierno, llega la primavera, y después el verano y el otoño, y así un año detrás de otro pero ninguno es igual al que lo precede. Es el ciclo de la vida, la renovación constante, la innovación permanente. Preguntarse, pensar y meditar, buscar la mejor solución, localizar y definir alternativas, comparar opciones, elegir (*hacer* una decisión), diseñar en detalle el plan de actuación, actuar, analizar los resultados, efectuar los ajustes necesarios y volver a empezar.

La vida sin visión trascendente, carente de objetivos, es como una onda sinusoidal que se propaga, con picos y valles, pero con tendencia a amortiguarse. La propuesta es convertirla en una espiral ascendente, en una espiral de mejora, en una espiral virtuosa, que cada vez abarque más conocimiento y creatividad y, por tanto, genere más riqueza, material y espiritual.

Hay que coger el ritmo adecuado, como hacía el ciclista Miguel Indurain, ganador de cinco Tour de Francia, que parecía que subía las montañas sin inmutarse, con una cadencia de pedaleo regular y sin desfondarse. Un estilo completamente diferente tenía otro gran ciclista, Perico Delgado, ganador de un Tour, que arrancaba de forma estrepitosa al principio de un puerto generando un ataque de emoción incontenida en los comentaristas televisivos, pero que en muchas ocasiones se quedaba sin oxígeno a la mitad de la cuesta, todo pasión y arrojo; ganó un Tour, pero no cinco como su amigo Indurain. Hay que coger un buen ritmo porque se obtienen mejores resultados. Indurain era menos pasional pero más frío e inteligente[113].

Este mundo funciona por un extraño equilibrio, cuando nos tomamos una medicina debemos ingerir la dosis exacta; si tomamos poca no nos curamos y si tomamos demasiada nos envenenamos. Lo mismo pasa con las hormonas: si la concentración de alguna es menor de la necesaria, malo, pero si generamos demasiada tampoco es bueno. Si caemos en el fundamentalismo y no pensamos, mal vamos; si nos movemos sin ningún valor, tampoco funcionamos bien. Si solo queremos derechos y no obligaciones, estamos desequilibrados. Necesitamos la justa dosis de estrés positivo. No funcionamos con una sociedad protegida en exceso, pero tampoco podemos caer en la ley de la selva. Hay que buscar el equilibrio entre las dos tendencias del hombre, la búsqueda de la excelencia y la búsqueda del placer.

Somos corredores de una carrera de relevos, pero no de una de cien o cuatrocientos metros que se disputa en un estadio olímpico, sino de una carrera de fondo, en la que recibimos el testigo de la generación que nos precede y se lo entregamos a la que nos reemplaza. Lo importante es que entreguemos un testigo mejor que el que hemos recibido y eso está a nuestro al-

---

[113] Es admirable como Perico se ha reciclado en excelente comentarista deportivo.

cance. Que nuestros hijos sean mejores que nosotros y vivan en un mundo mejor. Está en nuestras manos si actuamos inteligentemente, descansamos un poco y volvemos a actuar una vez observados los resultados.

Convenzámonos de que para resolver la crisis necesitamos innovar, que significa mudar o alterar algo introduciendo novedades, adaptarlo a las circunstancias de cada momento. Para innovar tenemos a nuestra disposición herramientas filosóficas, organizativas y tecnológicas que permiten crear procedimientos y soluciones más eficientes. No es que podamos utilizarlas; ya sabemos que podemos, nos lo recuerdan todo el día con el famoso *yes we can*; lo importante es que debemos utilizarlas. ¿Tenemos realmente la voluntad de cambio, de mejora continua? Sustituyamos el *yes we can* por un *yes we want to* (sí, queremos).

«*We chose go to the moon*», elegimos ir a la Luna, eso es lo realmente importante, tomar una decisión acertada y actuar. No hay alternativa a no actuar, porque esperar, retrasar las decisiones e ignorar la realidad no va a sacarnos de la crisis. Morirnos de inanición no tiene gracia, por lo menos muramos con las botas puestas. Tenemos que elegir actuar, escoger innovar, decidir mejorar, querer esforzarnos. ¿A qué esperamos? Acabada la economía especulativa volvemos a una economía de realidades, de valores, no de precios, a la economía del esfuerzo, del círculo virtuoso de mejora continua.

No hay alternativa: mejora constante y progreso o retroceso y decrepitud a la cubana.

El mejor reto y la mejor oportunidad todavía está por llegar. Creamos en ello y empecemos ya. Seamos tenaces. Contamos contigo.

Ideas claras y distintas. Lista de impacto rápido

Si no tiene tiempo o no le apetece leer todo el libro, o bien si una vez acabado quiere tener un recordatorio, he resumido las ideas o conceptos más importantes tratados a lo largo de las páginas en forma de lemas. A esta técnica me parece que los publicistas estadounidenses la llaman *bullets*, que literalmente se traduce por «balas». He copiado esta idea de la lista de impacto rápido del libro *The Trusted Advisor*, de David H. Maister[114], un texto que deberían leer todos los profesionales de la consultoría.

1. El reto
    - Para resolver un problema primero hay que reconocerlo y aceptarlo.
    - La crisis de verdad es la crisis de valores.
    - Malthus y sus discípulos —de los que hay muchos— se equivocan porque niegan la innovación. Profetizan catástrofes sin considerar las mejoras y descubrimientos que alcanzamos de forma continuada.
    - La realidad es poliédrica.

2. Obstáculos y barreras
    - La peor pereza es la mental.
    - Podemos encontrarnos con: constructores, *destroyers* y vegetales.

---

[114] *The Trusted Advisor*, David H. Maister, Charles H. Green y Robert M. Galford. Fee Press, NY, 2000.

- Cuidado, siempre hay alguien que mete goles en propia puerta.
- La envidia es muy destructiva. Los envidiosos buscan acuerdos perder-perder.
- No hacer nada casi nunca es una buena solución.
- El verdadero bienestar es estar satisfecho con uno mismo, no tenerlo todo solucionado.
- No somos más libres por no comprometernos. Sin comprometernos no avanzamos.
- Llame por teléfono. Mejor videollame.
- El *e-mail* es peligroso, nunca se sabe dónde acaba.
- Priorizar los contactos uno a uno.

3. Herramientas
    - Tenemos muchas y muy buenas herramientas para enfrentarnos a los problemas.
    - Nunca habíamos tenido tanta y tan buena tecnología.
    - Cada vez nos conocemos mejor a nosotros mismos y entre los seres humanos.
    - La actitud es una elección personal y no puede comprarse. Las aptitudes en cambio pueden adquirirse o contratarse.
    - ¿Qué nos ilusiona cada mañana?
    - Influyamos, no nos estemos callados.
    - No tome decisiones, *hágalas*.
    - Mantengamos la división de poderes, como mínimo se necesitan tres patas para soportar una estructura.
    - No pasa nada por preguntar lo que no se sabe.

- Hace falta gente trabajando en lo importante y no urgente: en el departamento de análisis y estrategia.
- Las innovaciones y los cambios hay que venderlos y es difícil de hacer.
- Los buenos acuerdos son los ganar-ganar.
- Los buenos contratos son aquellos que se pudren en los cajones.
- *Learnig organization*: cultura de aprendizaje continuo.
- Cuidado con las reuniones. Prepárelas a conciencia.
- La clave del éxito de los proyectos se encuentra en la fase de análisis y diseño.
- *Keep it simple*. Simplifique.
- Hay que hacer pruebas de carga y una batería de pruebas exhaustiva antes de poner en marcha un nuevo sistema.
- Celebre los éxitos, compártalo.
- El líder es mejor cuando la gente apenas sabe que existe.
- El buen líder consigue que su equipo adopte la actitud adecuada y colabore disciplinadamente.
- El mundo es imperfecto y hay imprevistos y desgracias.
- Cuando estalla una crisis: reaccionar y enfriar.
- Las redes de comunicaciones son el sistema nervioso de la organización, si no funcionan bien, esta sufre de Parkinson.

4. Conclusiones
   - Menos competición y más cooperación.

- Construyamos comunidades inteligentes que adaptan sus reglas del juego en función de los resultados obtenidos.
- No se puede parar, como mucho descansar un rato, para afilar la sierra.
- Es mejor ir a ritmo que a trompicones; al estilo Indurain en lugar del estilo de Perico Delgado.
- Equilibrios que no pueden romperse:
    o Libertad/responsabilidad.
    o Derechos/obligaciones.
    o Supervisión/autonomía.
    o Premiar a quienes arriesgan/conciencia social.
- Cogemos el relevo de la generación que nos precede y se la entregamos a la que nos sucede.

Un ejemplo de éxito: la red de telecomunicaciones de Mercabarna

Introducción

Muchas de las ideas y conceptos expuestos en este libro se han aplicado durante el desarrollo del proyecto de red de telecomunicaciones de la Unidad Alimentaria de Barcelona, Mercabarna[115], sede de los mercados mayoristas de frutas y hortalizas, de pescado y de la flor, así como del Matadero. Esta unidad da servicio a más de diez millones de habitantes y donde trabajan unas veinticinco mil personas; ocupa una superficie de noventa hectáreas en la Zona Franca y cuatro hectáreas y media más en el nuevo recinto Mercabarna Aeropuerto.

Mercabarna se trata de un centro de referencia en la distribución de productos alimentarios frescos y perecederos, un mercado de alcance global, donde se compra y se vende a todo el mundo. El proyecto se inició en octubre de 1992, al finalizar los Juegos Olímpicos de Barcelona, y todavía está desarrollándose y creciendo.

No es que los que participamos en el proyecto nos planteáramos en su momento aplicar estos criterios; simplemente usamos el sentido común, la visión positiva y la voluntad de colaboración y cooperación.

---

[115] www.mercabarna.es

El proyecto de Mercabarna es un éxito y un ejemplo de innovación en diferentes aspectos:
- Es un ejemplo de colaboración entre el sector público y la iniciativa privada. En este caso, una empresa de titularidad pública colabora estrechamente con casi ochocientas empresas privadas asentadas en el recinto y representadas por asociaciones empresariales sectoriales: de frutas y hortalizas, pescado, flor y carne. Las empresas, muchas de ellas competidoras entre sí, colaboran para alcanzar un objetivo común.
- Se aplica una política de innovación, renovación y mejora continua no solo en lo que respecta a las infraestructuras tecnológicas, sino que también se amplían y renuevan los servicios y, lo que es más difícil, se adapta el modelo económico y de gestión al entorno cambiante. El proyecto se inició antes de la liberalización del sector de las telecomunicaciones.
- Se promueve continuamente el uso de las nuevas tecnologías entre pequeñas y medianas empresas de sectores aparentemente nada tecnológicos. Cuando el proyecto se presentó en un congreso mundial de consultoría e ingeniería en telecomunicaciones en 2006, el moderador se empeñó en titular la sesión «Soluciones de tecnologías de la información del siglo XXI para negocios del siglo XVIII»[116]. Todos los años se celebran sesiones de formación y promoción de nuevas soluciones y aplicaciones.

---

[116] www.slideshare.net/Arging/mercabarna-case-study

- Es un proyecto a largo plazo, que ahora ya tiene más de veinte años de vida, dieciocho de ellos en explotación.
- Aunque a lo largo del proyecto ha habido cambios en el equipo de dirección, siempre se ha valorado lo bueno del proyecto, a la vez que se aporta una nueva visión y una renovada ilusión que lo enriquece.

Resumen técnico del proyecto

Problemática

Los mayoristas y los compradores de Mercabarna precisan estar permanentemente conectados con sus proveedores y clientes, nacionales y extranjeros, buscando, comprando y vendiendo productos alimentarios. Para el correcto funcionamiento del mercado, estas comunicaciones han de ser ágiles, la rápida caducidad de los alimentos frescos que se comercializan en Mercabarna exige que la toma de decisiones sea rápida. Por esta razón es tan importante disponer de un servicio de telefonía fija y móvil, y una red de datos y acceso a Internet, realmente potentes y competitivos.

Objetivos

Los objetivos específicos del proyecto desde un punto de vista técnico son:
- Resolver las necesidades de comunicaciones de Mercabarna, tanto dentro del propio recinto como con el exterior.

- Proporcionar una ventaja competitiva a las empresas asentadas allí frente a otras ubicadas en otros polígonos industriales, al facilitarles el acceso a las últimas soluciones en tecnologías de la información y las telecomunicaciones.
- Constituir un poderoso grupo de usuarios de telecomunicaciones que les permita disfrutar de los mejores servicios a los precios más competitivos.

En otras palabras, facilitar las redes y sistemas de telecomunicaciones adecuadas para soportar las operaciones de los mercados, así como para la gestión del propio recinto.

Fases del proyecto y recursos empleados

El proyecto, liderado por la Dirección Industrial y de Servicios, se inició en 1992 y continúa desarrollándose.

Desde la primera fase de estudios preliminares hasta la actualidad, Mercabana ha contado con el soporte de Argelich Networks[117], que le ha prestado los servicios de ingeniería y consultoría independiente que ha precisado. Argelich ha asumido el diseño y la dirección de las distintas fases del proyecto y ha colaborado en el establecimiento del modelo de explotación de la red y de los acuerdos con las operadoras, los integradores de sistemas y los fabricantes de equipos tecnológicos.

Como socios tecnológicos se cuenta con empresas líderes en sus distintos campos, como Orange, Cisco, Siemens, Tyco electronics (AMP) y Sony.

---

[117] www.argelich.com

La historia, hasta hoy, del proyecto se resume a continuación:

- 4.º trimestre de 1992. Primeros estudios de viabilidad.
- 2.º trimestre de 1993. Se acaban los estudios preliminares. A causa de la crisis económica posterior a los actos de 1992, se retrasa el inicio de la instalación.
- 1.º trimestre de 1996. Acuerdo entre Mercabarna y el gremio de frutas y hortalizas para relanzar el proyecto.
- Enero de 1997. Entra en explotación como red interna, sin conexiones con el exterior, la fase I correspondiente al mercado de frutas y hortalizas.
- Diciembre de 1997. Primer acuerdo de interconexión con redes públicas con Global One, del grupo France Telecom.
- 1.º trimestre de 1998. Fase II: red de la zona de actividades complementarias lado mar.
- Diciembre de 1998. Constitución del grupo cerrado de usuarios de telefonía móvil con Vodafone.
- 1.º trimestre de 1999. Fase III: mercado de la flor, matadero y accesos al recinto.
- 1.º trimestre de 2000. Fase IV: red de la zona de actividades complementarias lado montaña.
- 2.º trimestre de 2000. Acuerdo con Al-Pi (actualmente Orange) como gestor de la red y operadora de telefonía fija.
- 3.º trimestre de 2002. Fase V: red del mercado de pescado.
- 2.º trimestre de 2004. Migración de la red Ethernet. Sustitución de distribuidores (*hubs*) por equipos conmutadores Cisco.

- 1.ᵉʳ trimestre de 2005. Red inalámbrica Wi-Fi con 160 antenas con equipos Cisco.
- 2.º trimestre de 2006. Video de seguridad utilizando Video IP (160 cámaras) con Sony.
- Octubre de 2006. Presentación del proyecto en el congreso internacional de la Society of Telecommunications Consultants en San Francisco.
- 1.º trimestre de 2007. Implantación de extensiones de VoIP.
- Abril de 2008. Presentación del proyecto en el Congreso de la Asociación Mundial de Mercados Mayoristas en México D. F.
- 1.º trimestre de 2009. Ampliación del nuevo mercado de la flor en el recinto Mercabarna Aeropuerto.
- 2.º trimestre de 2009. Nuevo acuerdo de prestación de servicios de telefonía móvil con Orange. Potenciación de los servicios de movilidad, que alcanzan los cuatro mil servicios de comunicaciones móviles.
- 1.º trimestre de 2011. Implantación de una plataforma de comunicaciones unificadas y colaboración con Siemens Enterprise Networks (actualmente Unify) para cuatro mil usuarios.
- 1.º trimestre de 2013. Se alcanzan las nueve mil suscripciones de comunicaciones móviles.
- 1.º trimestre de 2014. Sustitución y renovación de los conmutadores centrales y de los equipos cortafuegos.

La red se soporta en una infraestructura de fibra óptica que interconecta todos los edificios del recinto complementada con tendidos de cableado estructurado de categoría VII. Una potente red de datos Ethernet *wire*

(100/1000 Mbits) y *wireless* (Wi-Fi a 54 Mbits) transmite voz, datos e imagen utilizando protocolos IP. Las dos redes, la *wired* (cable) y la *wireless* (radio, sin cable), están dotadas de sistemas de seguridad sofisticados y fiables, tanto desde el punto de vista físico (redundancia de elementos), como lógico (encriptación, autentificación de usuarios, tunelización, VLAN, VPN, etc.). La red dispone de enlaces a Internet a 1 Gbit redundados.

Un referente mundial

Las empresas asentadas en Mercabana disponen de unos servicios de telecomunicaciones muy avanzados con un coste tremendamente competitivo. Como apunta Lluís Alberich, director del Área Industrial y de Servicios de Mercabarna, «el hecho de estar integrados en un clúster como Mercabarna, bien como operador o bien como comprador, genera grandes ventajas para los usuarios que disponen de una gran fuerza negociadora frente al operador de telecomunicaciones y esto les permite obtener importantes beneficios». Así, se facilitan herramientas que aportan rentabilidad y productividad y se contienen los gastos a la vez que se incorporan avances tecnológicos.

Sin duda, al éxito de Mercabarna también está contribuyendo su constante inversión en telecomunicaciones, que han convertido esa organización en un referente mundial en su sector. El mercado es *networking*, una red de relaciones y contactos personales y empresariales, que obtiene una gran fluidez y eficiencia gracias al avanzado *networking* electrónico.

La red de telecomunicaciones es el sistema nervioso de Mercabarna.

Valoraciones conferencias internacionales

A continuación facilitamos una relación de las valoraciones emitidas por los asistentes a la conferencia «Moving Forward», impartida por el autor en el congreso de la Society of Communications Consultans en Orlando, Florida, en octubre de 2011.[118]

- Buenas lecciones para la vida. ¡Me ha encantado la perspectiva diferente!
- Muy creativo, como siempre.
- Agustín lo hace muy bien, tanto su inglés como su presentación. Tiene muchos valores para compartir.
- Un buen examen a las mejores prácticas empresariales, así como a las no tan buenas.
- Excelente.
- Los ejemplos de Agustín no tienen precio. Además, ha sido entretenido.
- Buenos puntos.
- Reflexivo y perspicaz.
- El valor de la sesión radica en comprender que lo que está sucediendo en Estados Unidos y Canadá también está sucediendo en Europa y refuerza las ideas que estamos escuchando en la conferencia. He tenido conocimiento de libros españoles, franceses e incluso ingleses que debe-

---

[118] La valoración original en inglés puede consultarse en www.argelich.com/wp-content/uploads/2013/05/Conference-evaluation-Orlando-2011-Agustin-Argelich.pdf

ría leer. También ayuda repasar aspectos que ya conocemos o hacemos.
- Agustín es un hombre fascinante y una gran aportación a nuestra organización. Ofrece un punto de vista diferente, y nos fuerza a tomarnos tiempo para mirar nuestro trabajo desde un ángulo diferente. ¡Qué sesión más refrescante!
- Maravilloso mensaje y perspectiva.
- Buen uso de videos y gráficos.
- Interesante, una buena bibliografía.
- Inspirador.
- Muy interesante, siempre es bueno recordar los fundamentos.
- Diferente, creativo, divertido.

Congresos

Relación de congresos internacionales donde el autor ha disertado sobre los contenidos de este libro:
- Londres (Reino Unido), marzo 2014. Connected Business Expo «Deploying and Managing Multi-National Unified Communications».
- Londres (RU), febrero 2014. Oil&Gas Mobility Summit (II edition). «How design the best mobility solutions and how to lead and manage with success Mobility projects in Oil&Gas industry».
- Londres (RU), marzo 2013. Unified Communications Expo «Moving forward: building a culture of continuous improvement».
- Londres (RU), febrero 2013. Oil&Gas Mobility Summit:
    - Cutting-Edge Strategies to lead successfully Mobility's projects.
    - Improving business processed efficiency through Mobility and Unified Communications and Collaboration's (UC2) customized deployments.
- Baltimore (EE UU), octubre 2012. STC Fall Conference: «Unified Communications and Collaboration International deployment. Lessons learned».
- Amán (Jordania), noviembre 2011. Princess Sumaya University for Technology JISER-MED. Conference on Quality Assurance, Employability and Internationalization: «The Power of Collaboration».

- Orlando (EE UU), octubre 2011. STC Fall Conference «Moving Forward. Building a culture of continuous improvement».
- Sevilla (España), junio 2011. IT Trade Mission. The US in Andalusia. «Cutting-Edge Strategies to Build an International Network of Partners and Friends How can a small company do it? Why must a small company do it?».
- Tokio (Japón), noviembre 2010. 21th Congress of the international Federation of Hospital Engineering: «Unified Communications and Collaboration an indispensable tool for Hospital operations».
- San José (California, EE UU), agosto 2010. E-mobility summit.
    - Cutting-Edge Strategies for Internally Training your Mobile Workforce with Newly-Implemented Technologies.
    - Avoiding Organizational Chaos and Cost With Growing Workforce Mobility Need.
- Barcelona (España), octubre 2008. 20th Congress of the International Federation of Hospital Engineering. «Developing network strategies to support hospital operations. Telecom Networks, hospital's nervous system».
- México D. F., abril 2008. World Union of Wholesale Markets. Conferencia «Developing network strategies to support market operations».
- San Francisco (EE UU), octubre 2006. STC Fall Conference «Bringing 21st Century IT Solutions to an 18th Century Business».

Índice

Abadía, Leopoldo   46
Abel   80
Agustín, san   31, 40, 93, 94
Ah Puch   165
Alberich, Lluís   267
Alonso Puig, Mario   15, 67, 68, 73, 74, 119, 247
AMP   264
Aníbal   156
Apolo XIII   21
Apple   40
Archanco, Ramón   152
Ascó, central nuclear   62
Attention management   102
Audioconferencia   99
Auschwitz   61, 117
Autodestrucción   165
Baird, Henry   102
Bankinter   100
Barcelona 1992, Juegos Olímpicos de   91, 209
Benedicto XVI   79, 111, 124
Benito de Nursia   87
BlackBerry   40, 114
Borges, José Luis   80
Boyd, John R.   153, 244, 246
Breslow, Michael   231
Buffet, Warren   145, 151
Burka, Jane B.   83
Business model   233
Buyer, Martha   13
Caín   80

CAPEX   160
Caridad   145
Chambers, John   100
Chaplin, Charlie   187
Chernóbil   208
Churchill, Winston   139, 217
Cisco Systems   100, 264, 265, 266
Cleary, Thomas   151, 279
Colaboración disciplinada   222, 232
Colón, Cristóbal   57, 160
Comunicaciones unificadas   49, 229
Conflicto de interés   141
Covey, Stephen   56, 129, 157, 210, 233, 240
Coworking   233
Crisis de los misiles   168
CTCA   50
Cuba   111
Customization   47
Dachau   117
Dans, Enrique   35, 48
David, rey   166
Delgado, Perico   253
Diagrama de flujo   230
Distrés   120
Edholm, Phil   83, 86, 101, 234
Eiger   205
Ek Chuah   164
Especificación técnica   194
Espíritu Santo   87
Estado del bienestar   27, 109
Estado del vegetar   109
Estrés   119
Eustrés   120

Fabian Society   157
Fabio, general   156
Facebook   45, 46
Fenomenología   112
Fernández Aguado, Javier   29
Fernández Ochoa, Paquito   214
Filosofía   112
Fracking   42
Francisco, papa   27, 111, 125, 221
Frankl, Viktor   30, 86, 117, 118, 124, 211
Fukushima   62
Ganar-ganar   163
Ganar-perder   163
Gaudí, Antoni   227
Giuliani, Rudolf   212
Gladwell, Malcolm   135
Gödel, Kurt   154
Goliat   166
Gran Hermano   25
Gray, John   95
Gregorio Magno, papa   79
Guderian, Wilhelm   23
Haise, Fred Wallace Jr.   22
Hansen, Morten T.   222
Heisenberg, Werner Karl   154
Hertfelder, Eduardo   28
Hitler, Adolf   187
Hume, David   15
Husserl, Edmund   61
Hutchinson, William   249
I+D+i   58
Incompletud, teorema   154
Indeterminación, principio de   154

Indurain, Miguel   253
Influir   85, 130
Inteligencia competitiva   153
Internet   45
Internet Protocol   228
Isabel la Católica   160
Ixtab   165
Jankowski, Mark A.   167
Jesús de Nazaret   105
Jobs, Steve   41, 125
Juan Evangelista, san   72
Juan Pablo II   40, 112, 120
Juan XXIII   169
Junípero Serra, fray   22
Kennedy, John F.   32, 110, 118, 131, 169
Khadem, Riz   39
Khrushchev, Nikita   169
Kodak   41
Kranz, Eugene F   22
Laodicea, Iglesia de   72
Lázaro   87
Learning organization   74
Lewis, Tim   127
LinkedIn   237
Lloyd, Gareth A.   41
Lorca Gómez, Julio   58
Lovell, James Arthur   22
Maier, Corinne   28
Maister, David   257
Malthus, Thomas   26, 257
Marina, José Antonio   69, 71, 79, 80, 175
Marta y María   87
Martínez Porcell, Joan   91, 93

Marx, Karl   38
Mastalerz, Kazimierz   23-24, 157, 211
Mattingly, Thomas K.   21
Mercabarna   261
Mobile World Congress   50, 100
Mussolini, Benito   187
Napoleón   80, 181
Niebuhr, Reinhold   94
Nihilismo   85, 123
Nokia   40
Obama, Barak   31
Olivé, Lluís   208
Omisión   75, 84
On-going management   205
OODA, bucle   156, 244
OPEX   160
Orange   264
Pago por uso   84
Parábola   105
Parker, Marty   229
Peppers, Don   47
Perder-perder   163
Pérez-Díaz, Víctor   29
Pérez, Josep Lluís   155
Pernas, Luis   98
Peter Pan   92
Petición de interés   196
Planos *as-built*   192
Poder   85
Podmore, Frank   157
Pomorska, brigada   23, 114
Poncio Pilato   89, 98
Procrastinar   83

Prudencia   191
Prueba de carga   200
Purnell, John   96
Ramírez, Miguel   243
Request for proposal (RFP)   195
Ribeiro, Lair   97
Rodríguez, Juan Carlos   29
ROI *(return of the investment)*   160
Sabiduría   35, 72, 74, 81, 94, 111, 124, 151, 178, 180, 191, 221
Sagrada Familia, basílica   227
Salomón   81, 180
Samsung   40
Sartre, Jean Paul   61, 123
Sasson, Steven   41
Senge, Peter   174, 279
Shaphiro, Ronald   167
Siemens   264
Smart grinds   43
Smith, Janet   71
Sony   264
Stein, Edith   61
Sun Tzu   151, 153
Swinger, Jack   21
Tapscott, Don   52
Teresa de Calcuta   86, 145
Tomás de Aquino   79
Tres Millas, C.N.   208
Trías de Bes, Fernando   215, 279
Tulum   165
Twitter   45
Venecia   213
Verizon   42

Vigilancia tecnológica   153
Vitek, Christopher J.   234, 279
Vodafone   265
Workflow   230
Yuen, Leonora M.   83

Índice de ilustraciones

Figura 1. Pirámide demográfica de España
a 1 de enero de 2013.   34

Figura 2. Modelo de gestión de proyectos
que garantiza el control de
calidad de estos.   140

Figura 3. Esquema de mala praxis en
la ejecución de proyectos.
La calidad de los resultados
no está garantizada.   141

Figura 4. Bucle OODA de John Boyd.   245

Figura 5. Mejora continua repitiendo
el círculo Shewhart/Deming.   247

Figura 6. Modelo Intelligent Community
Open Architecture de Cata.   250

Bibliografía

Alonso Puig, Mario. *El cociente agallas*. Espasa, 2013.

Alonso Puig, Mario. *Vivir es una necesidad urgente*. Punto de Lectura, 2013.

Burka, Jane y Yuen, Lenora. *Procrastination Why you do it, what to do about it Now*. Da Capo Press Books, 2008.

Covey, Stephen. *Los 7 hábitos de las personas altamente efectivas*. Paidós, 1989

Covey, Stephen. *Primero lo primero*. Paidós, 1999.

Dans, Enrique. *Todo va a cambiar*. Deusto. 2010.

Edholm, Phil. *Napkin Logic 48 Great Business Ideas, Lessons, and Rules, and Insights to make you a better business person and entrepreneur*. PKE Consulting LLC./Createspace, 2014.

Frankl, Viktor. *El hombre en busca de sentido*. Herder, 2011.

Fernández Ochoa, Paco. *La vida, un slalom*. La Esfera de los Libros, 2008.

Ginebra, Gabriel. *Gestión de Incompetentes*. Libros de Cabecera, 2010.

Ginebra, Gabriel. *El japonés que estrelló el tren para ganar tiempo*. Conecta, 2012.

Guderian, Heinz J. *Memorias de un soldado*. Inédita, 2007.

Hansen, Morten T. *Collaboration*. Hardvard Business Press, 2009.

Jabad, Alberto y Lorca Gómez, Julio. «Innovación no es lo mismo que novedad». *Andalucía Investiga*, 38: 44. 2007.

Johnson, Spencer. *¿Quién se ha llevado mi queso?: cómo adaptarnos a un mundo en constante cambio*. Empresa Activa, 1999.

Lao Tse. *Tao Te King*, Sirio, 2009.

Maister, David H. *The Trusted Advisor*. Fee Press, Nueva York, 2000.

Peppers, Don y Rogers, Martha. *The one to the one future*. Currency Doubleday, 1996.

Peppers, Don y Rogers, Martha. *Rules to Break & Laws to Follow*. Wiley. Microsoft Executive Leadership Series, 2008.

Pérez-Díaz, Víctor. *Alerta y desconfianza. La sociedad española ante la crisis*. Fundación Cajas de Ahorro Confederadas (FUNCAS), 2011.

Khadem, Ritz. *Alineación total*. Granica, 2008.

Kranz, Eugene. *Failure Is Not an Option: Mission Control From Mercury to Apollo XIII and Beyond*. Simon&Schuster, 2009.

Senge, Peter. *The Fifth Discipline: The art and practice of the learning organization*. Currency Doubleday, 1990.

Shapiro, Ronald M. *Jefes tiranos y ejecutivos agresivos. Cómo tratarlos sin ser como ellos*. Empresa Activa, 2006.

Sun Tzu. *El arte de la guerra*, versión de Thomas Cleary, Edaf, 2006.

Rojas, Ignacio. *Qué se sabe de... Los símbolos del Apocalipsis*. Verbo Divino, 2013.

Trías de Bes, Fernando. *El hombre que cambió su casa por un tulipán*. Temas de Hoy. 2009.

Tapscott, Don. *Wikinomics*. Paidós, 2007.

Tapscott, Don. *La era digital*. McGraw-Hill Interamericana, 2009.

Vitek, Christopher J. y Edholm, Philip E. *WebRTC for Enterprises: History and Use Cases*. Createspace, 2014.

Libros de consulta

Amela, Víctor. *Antología de citas. Sabiduría humana en 30.000 sentencias.* Styria, 2010.

Clyton, Mike. *Management models pocketbook.* Management Poketbooks Ltd., 2008.

Dyer, Wayne W. *Tus zonas erróneas.* Debolsillo. 1998.

Dyer, Wayne W. *La sabiduría de todos los tiempos.* Debolsillo, 1998.

Fernández Aguado, Javier. *1000 consejos para un emprendedor.* CIE Dossat 2000, 2000.

Fernández Aguado, Javier. *Proverbios para la empresa.* CIE Dossat 2000, 2000.

Hunter, James. *La paradoja: un relato sobre la verdadera esencia del liderazgo.* Empresa Activa, 2013.

Marina, José Antonio. *Por qué soy cristiano.* Anagrama, 2005.

Marina, José Antonio. *Pequeño tratado de los grandes vicios.* Anagrama, 2011.

Nouwen, Henri J. M. *El regreso del hijo pródigo: meditaciones ante un cuadro de Rembrandt.* Ediciones Paulinas PPC, 2005.

Peters, Thomas. *En busca de la excelencia: lecciones de las empresas mejor gestionadas de Estados Unidos*. Folio, 1986.

Ratzinger, Joseph. *Introducción al cristianismo*. Sígueme, 1969.

Roig, Xavier. *Ni som ni serem*. La Campana, 2002.

Roig, Xavier. *La dictadura de la incompetència*. La Campana, 2008.

Seewald, Peter. *La sal de la Tierra: quién es y cómo piensa Benedicto XVI*. Palabra, 2009.

Seewald, Peter. *Dios y el mundo, creer y vivir en nuestra época*. Círculo de Lectores, 2002.

Autores recomendados

Aparte de los libros reseñados, todas las obras de los siguientes autores son interesantes.
- Alonso Puig, Mario
- Covey, Stephen
- Dyer, Wayne E.
- Frankl, Viktor
- Fernández Aguado, Javier
- Gray, John
- Marina, José Antonio

Agradecimientos

A mi esposa, a mis hijos, a mis padres, a mis hermanos, a mis suegros, a mis cuñados y a mis muchos sobrinos, especialmente a mis tres ahijadas, Inés, María y Lali, por su apoyo, soporte e ilusión en este proyecto.

A mis abuelos, Agustín y Carmina, Javier y Josefina, por superar tiempos mucho más difíciles que los que nosotros vivimos.

A mi equipo en Argelich Networks.

Agradezco la colaboración voluntaria e involuntaria, conocida y desconocida de todas las personas que con su ejemplo y consejo me han ayudado a escribir este libro. Algunos no saben cuánto me han influido: Ignasi Martínez Porcell, Jaume Solé, Enrique Mur, Josep Pallarès, Juan José Josué, Josep Maria Ligorio, Jordi Maymó, Augusto Alegret, Lluís Alberich y David Albalate.

También creo de justicia mencionar a mis principales consejeros espirituales en distintas etapas de mi vida: mosén Ignasi Armengou y mosén Antoni Deulofeu, presbíteros de la Iglesia Católica de las diócesis de Barcelona y de Egara (Terrassa).

Vaya un agradecimiento especial a aquellos que confiaron en mi colaboración cuando empezaba mi carrera profesional, con el recuerdo especial para algunos que ya no están aquí abajo, como Jaume Ollé.

Sobre el autor

Director y fundador de Argelich Networks.

Es Ingeniero Técnico en Telecomunicaciones por la Escuela de Ingeniería La Salle Bonanova de Barcelona, Universitat Ramón Llull, y experto en redes convergentes IP y soluciones de comunicaciones unificadas y colaboración. Ha diseñado y desarrollado innovadores proyectos de telecomunicaciones y dispone de una amplia experiencia en negociación de grandes contratos con operadoras de telecomunicaciones y en optimización de costes.

Fue uno de los jefes de proyecto más jóvenes del comité organizador de los Juegos Olímpicos de Barcelona '92, donde asumió la Dirección de Tecnología de los IX Juegos Paralímpicos. También trabajó como responsable de telecomunicaciones de la Central Nuclear de Ascó.

Es miembro de la junta directiva de la Society of Communications Technology Consultants International, la mayor asociación mundial de consultores independientes de telecomunicaciones.

Participa de forma regular como ponente en congresos nacionales e internacionales e imparte seminarios sobre liderazgo, cambio, motivación y negociación relacionados con las tecnologías de la información, la sociedad del conocimiento y el mundo en red.

Está casado con María Eugenia y es padre de seis hijos.

Sobre Argelich Network

Argelich Network es una boutique internacional de consultoría e ingeniería independiente, especializada en implantar las soluciones más avanzadas en tecnologías de la información y telecomunicaciones.

Desde el año 1992 desarrolla proyectos innovadores de infraestructuras tecnológicas y soluciones de comunicaciones corporativas de voz, datos, video y telecontrol para grandes y medianas organizaciones públicas y privadas.

Sus proyectos destacan por su alto nivel tecnológico y, sobre todo, por mejorar la eficiencia de los procesos de negocio y de las organizaciones.

Colaboran en la obtención del máximo beneficio de las redes de telecomunicaciones de banda ancha y de las aplicaciones de comunicaciones unificadas y colaboración (*UC2 unified communications and collaboration*) y de automatización de procesos basados en comunicaciones (*communications based process automation*).

Constituyen equipos multinacionales y multidisciplinares a medida de cada proyecto con participación de consultores y analistas, gracias a la pertenencia a prestigiosas asociaciones internacionales, como la Society of Communications Technology Consultants International.

www.ingramcontent.com/pod-product-compliance
Lightning Source LLC
Chambersburg PA
CBHW051632170526
45167CB00001B/155